WILLEHAD PAUL ECKERT

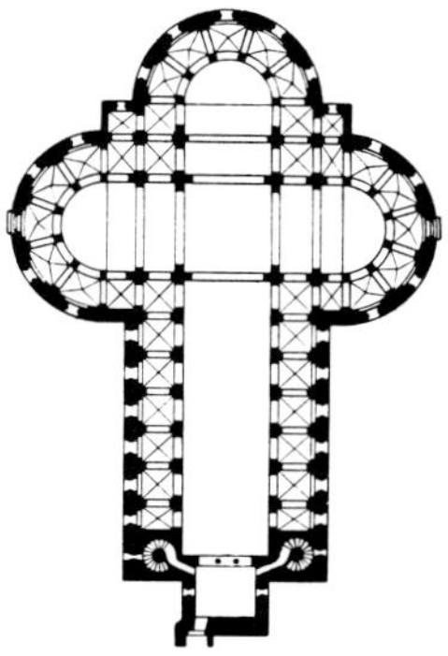

# ROMANISCHE KIRCHEN IN KÖLN

Martins
HOTEL

Willehad Paul Eckert

# Romanische Kirchen in Köln

Mit englischen und französischen Texten
With english and french texts
Avec des textes anglais et français

Wienand Verlag Köln

# Inhalt

# Romanische Kirchen in Köln

Sebastianus-Altar von Johann Hulsmann und Johann Toussyn, 1635, in St. Gereon.

Das mittelalterliche Köln ist eine Stadt des Handels und der Heiligen. Die Zahl der Kirchen ist ungleich höher als in vergleichbaren mittelalterlichen deutschen Städten, und vor allem die romanischen Kirchen sind es, die den Glanz Kölns dokumentieren. Mit Stolz bezeichnet sich die Stadt als »Heiliges Köln«. Den Boden, auf dem sie errichtet ist, hat das Blut der Märtyrer getränkt, und so lag es nahe, auf den Heiligen Stätten aufzubauen. Ohne den Reichtum aber, der zum größten Teil aus der regen Handelstätigkeit stammte, wäre die großartige Bautätigkeit des 10. bis 13. Jhs. kaum zu erklären.

Die Plätze, auf denen die Kirchen gebaut wurden, sind nicht willkürlich gewählt; sie folgen einem stadtplanerischen Konzept, einer Idee. Dom, St. Maria im Kapitol, St. Aposteln, Groß St. Martin und das rechtsrheinische St. Heribert in Deutz sind so angeordnet, daß

Panorama des linksrheinischen Kölns 1945

sich aus ihrer Konstellation die Form eines Kreuzes ergibt. Erzbischof Bruno (953–965), der jüngste Bruder Ottos des Großen, hat, ähnlich wie die großen Bischöfe, die seine Zeitgenossen waren, den Plan eines Kirchenkreuzes für Köln entwickelt. Das Kreuz ist das Zeichen des Sieges Christi, des Lebens über den Tod. Doch anders als in den übrigen Städten wird in Köln bereits in ottonischer Zeit das Kirchenkreuz durch weitere Kirchen umfaßt, die dann insgesamt die Form eines Halbkreises bilden. Es sind dies St. Severin, St. Pantaleon, St. Gereon, St. Ursula und St. Kunibert. Der Halbkreis, mit einer Mondsichel zu vergleichen, ist geradezu zum Symbol der Muttergottes geworden. Das Zeichen des Kreuzes und das Zeichen des Halbkreises werden gleichermaßen bedeutsam für die mittelalterliche Stadtplanung. Dem Halbkreis der Kirchen entspricht die Anlage der staufischen Stadtmauern mit ihren zwölf Stadttoren. Jedem dieser Tore sollte eine der großen romanischen Kirchen zugeordnet werden. Mit dieser Stadterweiterung nähert sich Köln dem zwölftorigen Jerusalem.

Die romanischen Kirchen sind heute nur noch ein Rest aus einer Vielzahl. Jede der noch erhaltenen Bauten stand einst in einem Ensemble anderer Kirchen und Kapellen. Im mittelalterlichen Köln gab es zwölf große Stifts- und Abteikirchen. Sie dienten vor allem dem Gotteslob der Mönche oder Nonnen, der Stiftsdamen oder -herrn. Sie standen inmitten eines Bezirks – des Immunitätsbereiches – und bildeten gewissermaßen jeweils eine Stadt in der Stadt. Einen Eindruck von der ursprünglichen Anlage bildet noch St. Pantaleon. Das Dreikönigenpförtchen, das zum »Lichhof«, dem ehemaligen Friedhof von St. Maria im Kapitol führt, ist die einzige Immunitätspforte, die am ursprünglichen Platz erhalten ist.

Dem Pfarrgottesdienst standen eigene Kirchen, die neben den Stiftskirchen errichtet wurden, zur Verfügung. Obschon sie kleiner und in der Regel architektonisch nicht so bedeutend waren, konnten sie mit den Stiftskirchen ein reizvolles Ensemble bilden. Sie fielen nach der Säkularisation zumeist der Spitzhacke zum Opfer, und die Pfarrechte wurden auf die Stiftskirchen übertragen. Nur St. Peter und St. Cäcilien zeigen heute noch das Ensemble aus Pfarr- und Stiftskirche. Die einzige erhaltene romanische Pfarrkirche in der Innenstadt ist St. Maria Lyskirchen.

Keine der romanischen Kirchen Kölns blieb in ihrer ursprünglichen Gestalt erhalten. Jede erfuhr im Laufe der Jahrhunderte erhebliche Umgestaltungen. An das Zeitalter der Ottonen erinnert vor allem das Westwerk von St. Pantaleon. Den imperialen Anspruch, der mit dieser Baugestalt gegeben ist, wiederholt das Westwerk von St. Maria im Kapitol. Die Dreikonchenanlage, nach dem Vorbild der Geburtskirche in Jerusalem, gehört salischer Zeit an. Ihrem Beispiel folgen die staufischen Kirchen Groß St. Martin und St. Aposteln. Die Kuppel des spätstaufischen Dekagons von St. Gereon darf man als die großartigste Lösung zwischen der Kuppel der spätantiken, oströmischen Architektur der Hagia Sophia und Brunelleschis Florentiner Domkuppel bezeichnen. Die Großfenster des Obergadens von St. Gereon setzen bereits die Kenntnis der französischen Kathedralgotik voraus. Dort also, wo man im Stil der Region noch romanisch baute, ist schon der Geist der Gotik, der neuen Weltkunst spürbar. Die Wände verloren ihre Schwere, das Prinzip der Zweischaligkeit wurde eingeführt und verlieh ihnen etwas Helles, Lichtes, Beschwingtes. Ein Jahr nach der Vollendung von St. Kunibert wurde der Grundstein für den gotischen Dom gelegt.

St. Andreas erhielt einen spätgotischen Ostchor, und auch das südliche Querhaus wurde in eine gotische Halle umgewandelt. Der Hochchor von St. Ursula wurde im Sinne der Spätgotik umgestaltet. Spätgotische Knickhelme erhielten die Türme der Kirchen St. Kunibert, Groß St. Martin und St. Severin. Auch das Langhaus der letztgenannten Kirche wurde im Spätmittelalter in gotischer Form umgewandelt. Alle diese Beispiele erinnern uns daran, daß wir in einzelnen Fällen nur noch mit großer Einschränkung von einer romanischen Kirche sprechen können.

Seit dem 17. Jh. dann wurden die romanischen und gotischen Altäre durch barocke ersetzt, die wiederum im 19. Jh. der Neugotik weichen mußten. Nicht geringere Eingriffe fanden in unserem Jahrhundert statt, als die Neugotik in Ungnade fiel.

Die Luftangriffe des Zweiten Weltkrieges führten zu schwersten Zerstörungen. Manche Kirchen waren so sehr zur Ruine geworden, daß an der Möglichkeit eines Wiederaufbaus gezweifelt werden mußte. Welche der verschiedenen Baugestalten sollte für den Aufbau maßgeblich sein? War es gestattet, gänzlich vernichtete Bauteile zu rekonstruieren, oder sollte man besser neue Bauformen anstreben, die mit den erhaltenen in Bezug gesetzt werden mußten? Könnte nicht aus Altem und Neuem ein Gesamtkunstwerk werden?

Groß St. Martin, Zustand 1945.

St. Maria im Kapitol ist ein gutes Beispiel für die sich wandelnden Grundsätze der Restaurierung und Renovierung. Auf die Wiedereinziehung der Gewölbe im Langhaus wurde verzichtet. Der Wiederaufbau des Kleeblattchors aber sollte so erfolgen, daß die alten Formen abermals entstanden. Aus statischen Gründen wurde auf die staufische Zwerggalerie der Ostkonche verzichtet.

Nicht minder groß waren die Probleme des Wiederaufbaus von Westwerk und Westturm der Kirche St. Kunibert. Auf die Wiederherstellung des gotischen Knickhelms mußte man aus statischen Gründen verzichten. Von daher brauchte man im Innenraum auch keine zusätzlichen Stützen mehr, wie noch vor der Kriegszerstörung, und es entstand ein heller, lichtdurchfluteter Raum, der durch die Eleganz seiner Bauformen besticht. Fünfzig Jahre nach ihrer Zerstörung, seit dem Herbst 1993, ist St. Kunibert als die letzte im Reigen der romanischen Kirchen zur Gänze vollendet.

Von der ursprünglichen Ausstattung hat sich in den romanischen Kirchen nur wenig erhalten. Besonders wertvoll sind die Deckengemälde in St. Maria Lyskirchen. Trotz Kriegsbeschädigungen sind noch erkennbar die Ausmalungen der Apsis des Hochchors von St. Gereon, zum Teil auch noch die Wandmalereien im Chor der Kirche St. Caecilien. Gotische Wandmalereien findet man aber auch in St. Kunibert. Die letztgenannte Kirche besitzt darüber hinaus noch mittelalterliche Glasmalereien in ihren Chorfenstern. Die Schatzkammer in St. Pantaleon und die Goldene Kammer in St. Ursula bergen kostbare romanische Schreine. Dazu kommen köstliche Reliquiare. Der Spätgotik gehört der Lettner in St. Pantaleon, der Renaissance der Lettner in St. Maria im Kapitol an. Beide kehrten nach der Wiederherstellung der Kirchen, für die sie bestimmt waren, an ihren ursprünglichen Platz zurück.

In St. Maria im Kapitol verzichtete man auf die Aufstellung eines Hochaltars im Chorraum. Den Hochchor von St. Gereon schließt seit der Wiederherstellung der Kirche als Ganzes der aus der zerstörten Kirche St. Columba übernommene barocke Hochaltar zum Dekagon hin weitgehend ab. Seit sie Heimstätte des Schnütgen-Museums ist, darf man St. Caecilien ein Schatzhaus mittelalterlicher Kunst nennen.

Angesichts dieser großen Verluste an mittelalterlicher und auch neuzeitlicher Ausstattung wirkten die mühsam wiederhergestellten romanischen Kirchen zum Teil wie leere Gehäuse, wie Rohbauten, die nach Vollendung geradezu schrien. Die damalige Stadtkonservatorin Hiltrud Kier macht sich zum entschiedenen Anwalt einer Neuausstattung. Die Kunstwerke unserer Zeit wollen wie die früherer Jahrhunderte Antwort auf das Angebot der Architektur geben. Sie nehmen die Theologie der Architektur auf und kommentieren sie; eine umstrittene und kontrovers diskutierte Aufgabe. Georg Meistermanns und Wilhelm Buschultes für St. Gereon entworfene Glasfenster fanden wegen ihres theologischen Gehaltes und ihrer formalen Gestaltung begeisterte Zustimmung, doch fehlte es auch nicht an Einwänden. Reizvoll ist der Vergleich dieser neuen Fenster mit den älteren, die Jan Thorn-Prikker für St. Georg geschaffen hat. Vor allem wegen ihres ästhetischen Konzepts stießen die Ausmalungen der Konchen von Hermann Gottfried in St. Aposteln auf Ablehnung. Bedenken gab es auch gegenüber den neuen Fenstern in Groß St. Martin. So schmerzlich manche Einwände für die Künstler und ihre Auftraggeber sind, so notwendig ist dennoch das oft erbitterte Ringen um gültige Lösungen. Es spiegelt sich darin die Tatsache, daß die romanischen Kirchen Kölns ihren Stellenwert in der Stadt Köln unverändert behauptet haben.

St. Maria im Kapitol, Zustand 1945.

Die mittelalterliche Stadt hat sich in unserer Zeit in eine Stadtlandschaft verwandelt. Das heutige Köln umfaßt – weit über die alte Reichsstadt hinaus – Gebiete, die einst zu Kurköln und zu den Herzogtümern Berg und Jülich gehörten. Es ist daher sinnvoll, auch die romanischen Kirchen des Umlandes zu berücksichtigen, soweit diese innerhalb der heutigen Stadtgrenze liegen. Die kleinen Landkirchen sind ebenso wie die Stadtkirchen Zeugen der Frömmigkeitsgeschichte und Kultur Kölns.

## Romanesque Churches in Cologne

Medieval Cologne was a city of commerce and saints. There was a far greater number of churches than in any comparable medieval German city, and the Romanesque churches in particular are testimonies to Cologne's glory. The city is proudly called »Holy Cologne«. The soil on which it stands is drenched with the blood of martyrs, and thus the obvious thing to do was to build on the holy sites. But the grandiose building activity of the tenth to the thirteenth centuries would be hard to explain without giving consideration to the wealth accumulated mostly from the brisk commercial bustle.

The sites on which the churches were built were not chosen arbitrarily; they conform to an idea, a concept of town planning. The Cathedral, St. Maria im Kapitol, St. Aposteln, Gross St. Martin and St. Heribert in Deutz on the right bank of the Rhine are arranged in such a way that the shape of a cross emerges from its constellation. Like the prominent bishops who were his contemporaries, archbishop Bruno (953 - 965), the youngest brother of Otto the Great, developed the plan for a cross of churches for Cologne, the cross being the sign of Christ's victory, the triumph of life over death. But unlike the custom in other cities, the cross of churches was surrounded by others, which together formed a semi-circle. St. Severin, St. Pantaleon, St. Gereon, St. Ursula and St. Kunibert comprise a semi-circle comparable to a crescent, which became a perfect symbol of the Mother of God. The sign of the cross and the sign of the semi-circle became just as important for medieval town planning. The arrangement of the Staufer city walls with their twelve gates conforms to the semi-circle of churches. Each of these towers was assigned to one of the great Romanesque churches. With this urban expansion, Cologne resembled the twelve-gate city of Jerusalem.

Today the Romanesque churches are only the remains of what was once a multitude of churches. Each of the edifices still standing once formed an ensemble together with other churches and chapels. In medieval Cologne there were twelve collegiate and abbey churches which were primarily used by the monks or nuns, and the canons or canonesses to praise God. These churches stood in the middle of a precinct – the sphere of immunity – and in each case they constituted to a certain extent a city in the city. St. Pantaleon still conveys an impression of the original arrangement. The Three Kings Gate leading to the »Lichhof«, once the cemetery of St. Maria im Kapitol, is the only immunity gate preserved on its original site.

Separate churches erected next to the collegiate churches were available to the parishioners for services. Although they were smaller and, in general, not as noteworthy from an architectural point of view, the parish churches managed to form an attractive ensemble together with the collegiate churches. Most of them fell victim to the pick axe after the secularization, and the rights to the parish were transferred to the collegiate churches. Today, only St. Peter and St. Cäcilien still exemplify the ensemble of parish and collegiate church. The only Romanesque parish church still standing in the centre of the city is St. Maria Lyskirchen.

None of Cologne's Romanesque churches have survived in their original form. Every one of them has undergone considerable remodelling over the centuries. The westwork of St. Pantaleon particularly recalls the Ottonian era. The westwork of St. Maria im Kapitol echoes the imperial pretension with which this edifice was endowed. The trefoil or cloverleaf plan, modelled after the Church of the Nativity in Jerusalem, dates back to the Salian era and is the prototype for the Staufen churches Gross St. Martin and St. Aposteln. The dome of St. Gereon's late Staufen decagon may be deemed the most superb solution among the domes of Late Antiquity, the Byzantine architecture of the Hagia Sophia, and Brunelleschi's dome over the cathedral in Florence. The large windows of the clerestory of St. Gereon presuppose an acquaintance with French Gothic cathedrals. Hence, the spirit of the Gothic, the new universal art, was already perceptible in the Romanesque buildings which were still being constructed in the style of the region. The walls lost their heaviness, and the double-shelled dome was introduced, a feature which lent brightness, luminousity and exhilaration. A year after the completion of St. Kunibert, the foundation stone for the Gothic cathedral was laid.

A Late Gothic east chancel was added to St. Andreas, and the south transept was converted into a Gothic hall. The elevated chancel of St. Ursula was remodelled to suit the temper of the Late Gothic style. The towers of St. Kunibert, Gross St. Martin and St. Severin were crowned with creased-helm roofs. The nave and side aisles of the church last mentioned was also converted to a Gothic style in the late Middle Ages. All these examples remind us that a Romanesque church can only be discussed in terms of individual cases and with considerable restraint.

In the 17th century, altars in the Baroque style replaced those of the Romanesque and Gothic; in turn the Baroque was supplanted by Gothic Revival in the 19th century, and in this century just as many alterations have been made, following the Gothic Revival's fall into disfavour.

The aid raids of the Second World War caused the most severe damages. Many of the churches were reduced to such ruins that it was doubtful whether reconstruction would be possible. And if so, which of the different architectural forms was to take precedence? Should one venture to reconstruct completely destroyed parts of buildings, or would it be better to strive for new architectural forms which would have to be related to the remaining components? Would it be possible to create a work of art derived from a synthesis of the old and the new?

St. Maria im Kapitol is a good example of the changing principles concerning restoration and renovation. The restoration of the vaults in the nave and side aisles was dispensed with, but reconstruction of the cloverleaf chancel was pursued in such a way that the old forms were recreated. Because of static reasons, plans to restore the dwarf gallery, constructed in the east conch during the Staufen era, were discarded.

The problems regarding the reconstruction of the westwork and west tower of St. Kunibert were just as immense. Restoration of the Gothic creased-helm roof had to be dispensed with for static reasons. As a result, there was no need for additional supports in the interior as there was before the war damage; a bright, flood-lit room was created whose architectural forms have a captivating elegance. In the autumn of 1993, fifty years after its destruction, St. Kunibert was the last in the line of Romanesque churches to be completely rebuilt.

Very little of the original decoration in the Romanesque churches exists. The ceiling paintings in St. Maria Lyskirchen are especially precious. Despite the ravages of war, the paintings in the apse of the elevated chancel of St. Gereon are still visible, and, to some extent, so are the murals in the choir of St. Cäcilien. But Gothic murals can be viewed in St. Kunibert, which still has stained glass windows in its choir dating from the Middle Ages. The treasure vault in St. Pantaleon and the Golden Chamber in St. Ursula hold valuable Romanesque shrines, as well as exquisite reliquaries. The rood screen in St. Pantaleon dates from the Late Gothic period; the one in St. Maria im Kapitol is from the Renaissance. After the restoration of the churches, both rood screens were returned to the original sites for which they were intended.

Plans for the erection of a high altar in the chancel of St. Maria im Kapitol were relinquished. Since the completion of St. Gereon's restoration, the Baroque high altar, transferred from the ruined church St. Columba, effectively cuts off the elevated chancel of the church from the space below the decagon. Since it is home to the Schnütgen Museum, St. Cäcilien may be deemed a treasure house of medieval art.

In the face of the tremendous loss of decor dating from the Middle Ages as well as modern times, the painstakingly restored Romanesque churches looked to some degree like the empty shells of unfinished buildings virtually begging to be completed. Hiltrud Kier, the municipal conservator at the time, asserted herself as a staunch advocate of restoration. Contemporary art works, as in past centuries, attempt to respond to the demands of architecture. They adopt the theology of architecture and comment on it – a problem that is controversial and vehemently discussed. The stained glass windows designed by Georg Meistermann and Wilhelm Buschulte for St. Gereon received enthusiatic approval because of their theological content and their formal design, but there wasn't any lack of objections, either. It is stimulating to compare these new windows with the older ones created by Jan Thorn-Prikker for St. Georg. The paintings by Hermann Gottfried in the conch of St. Aposteln have met with disapproval, because of their aesthetic concept in particular. There have also been misgivings with regard to the new windows in Gross St. Martin. As painful as many objections are for the artists and their contractors, the often fierce contention about sound solutions is nevertheless all the more imperative. This is reflected in the fact that the Romanesque churches have consistently maintained their importance in Cologne.

The medieval city has turned into what is now an urban landscape. Today's Cologne extends far beyond the walls of the old imperial city and includes territories which once belonged to the Electorate of Cologne and the Duchies of Berg and Jülich. For this reason, it makes sense to take into account the Romanesque churches of the surrounding countryside, in as much as they lie within the present city limits. The small country churches bear witness to Cologne's culture and history of piety just as much as the churches in the city.

### Églises romanes à Cologne

Au Moyen Age, le négoce et les saints caractérisent Cologne. Aucune autre cité allemande de sa mesure présente autant d'églises. Elle se désigne fièrement la »Sainte Cologne« et sa gloire provient principalement de ses églises romanes. Si son sol imprégné du sang des martyrs justifie la décision de bâtir sur des »Lieux Saints«, l'enrichissement par le commerce explique en large partie l'important programme de constructions entrepris entre le X^e^ et XIII^e^ siècle.

La localisation des églises est aucunement arbitraire. Elle obéit effectivement à un concept d'aménagement urbain, voire une idée. Ainsi, les repères formés par la cathédrale, S^t^ Maria im Kapitol, S^t^ Aposteln, Gross S^t^ Martin et, sur la rive droite du Rhin, S^t^ Heribert à Deutz restituent la forme de la croix. A l'instar des grands evêques de son temps, l'archevêque Bruno (953–965), le plus jeune frère de l'empereur Otton 1^er^ le Grand, a également œuvré à cette implantation cruciforme des églises pour Cologne. Celle-ci symbolise la victoire du Christ et de la vie sur la mort. Toutefois, dès la période ottonienne et à la différence des autres villes, de nouvelles églises sont venues s'inscrire en demi-cercle autour de cette croix. Comparable à un croissant de lune, il est pratiquement devenu le symbole de la Vierge Marie. Les cinq églises qui le constituent sont, en l'occurrence, S^t^ Severin, S^t^ Pantaleon, S^t^ Gereon, S^t^ Ursula et S^t^ Kunibert. Ces formes géométriques revêtaient toutes deux la même importance dans l'aménagement médiéval de la ville. C'est ainsi que la répartition semi-circulaire des églises correspond au tracé des remparts d'époque Hohenstaufen avec leurs 12 portes. Chacune d'entre elles devait être affectée à l'une des grandes églises romanes de Cologne. La ville s'est donc développée par analogie avec la »Jérusalem Celeste«.

De nos jours, les églises romanes de Cologne ne sont plus que les restes d'une quantité d'autres. Chaque bâtiment encore conservé s'intégrait autrefois dans un ensemble de plusieurs églises et chapelles. Les douze églises paroissiales et abbatiales que comptait Cologne au Moyen Age étaient principalement vouées à la louange des moines et religieuses ainsi que des chanoines et chanoinesses. Sises dans un asile – zone d'immunité -, elles formaient en quelque sorte, chacune, une cité à l'intérieur même de la ville. S^t^Pantaleon restitue une impression de cet ancien complexe et la petite porte dite des Rois-Mages qui donne accès au »Lichhof«, ex-cimetière de S^t^Maria im Kapitol, constitue désormais la seule porte d'immunité demeurée intacte à son emplacement d'origine.

Plusieurs églises érigées à proximité des abbatiales étaient mises à la dispostion du culte. Quoique plus petites et généralement de moindre intérêt architectural, elles formaient un ravissant ensemble avec l'abbatiale. Rasées pour la plupart après la sécularisation, leurs droits furent transférés aux abbatiales. S^t^ Peter et S^t^ Caecilien représentent désormais l'unique ensemble paroissiale – abbatiale. St Maria Lyskirchen reste la seule église paroissiale conservée en centre ville.

Aucune des églises romanes de Cologne a su garder son aspect d'origine. Toutes ont subi de profondes transformations au fil des siècles. A S^t^Pantaleon, l'époque ottonienne ressort plus particulièrement dans le massif occidental. Cet élément qui allègue le rang impérial du bâtiment est également présent à S^t^ Maria im Kapitol. La période salienne marque les réalisations triconques inspirées de l'Eglise de la Nativité à Jérusalem. Ce même exemple a été suivi sous les Hohenstaufen avec Gross S^t^ Martin et S^t^Aposteln. Dans cette dernière église, la coupole du décagone d'époque Hohenstaufen tardive s'avère être la meilleure solution entre celle de Ste Sophie de récente antiquité romaine-byzantine et celle de la cathédrale de Florence due à Brunelleschi. Les grandes fenêtres de son étage supérieur supposent déjà la connaissance du gothique des cathédrales françaises. Si le style régional perpétue les règles romanes, l'esprit gothique, celui du nouvel art universel, s'infiltre. Les murs perdent leur pesanteur, le principe des parois doubles qui confère de la clarté, de la luminosité et de la légèreté fait son apparition. La première pierre de la cathédrale gothique fut posée un an après l'achèvement de S^t^ Kunibert.

Le chœur oriental dont fut doté S^t^ Andreas est gothique flamboyant et sa nef sud fut transformée en hall gothique. Le chœur sur élevé de S^t^ Ursula subit à son tour un remaniement gothique flamboyant. Ce même style marqua également les clochers à pans brisés de S^t^ Kunibert, Gross S^t^ Martin et S^t^Severin dont la nef devint elle aussi gothique vers la fin du Moyen Age. Tous ces exemples nous rappellent que c'est avec la plus grande réserve que nous pouvons parler d'églises romanes dans certains cas.

Dès le XVII^e^ siècle, les autels romans et gothiques furent remplacés par des autels baroques qui, à leur tour, durent faire place au Néo-gothique du XIX^e^ siècle. L'époque contemporaine n'opéra pas moins de modifications quand ce dernier tomba en disgrâce.

Les attaques aériennes de la seconde Guerre mondiale provoquèrent de très lourdes destructions. Les ruines infligées à certaines églises furent telles que l'on hésita à les reconstruire. Laquelle des différentes anciennes configurations du bâtiment devait inspirer sa reconstruction? Avait-on le droit de relever des parties entièrement détruites ou n'était il pas plus judicieux d'envisager de nouvelles formes à même de s'associer aux vestiges ? Pouvait-on fusionner l'Ancien avec le Nouveau en une nouvelle œuvre d'art ?

S^t^ Maria im Kapitol est l'exemple type du changement des principes de la restauration et de la rénovation. Les voûtes ne furent pas réintégrées dans la nef mais le chœur triconque fut reconstruit fidèlement à son ancien modelé avec toutefois suppression de la galerie miniature dans la conque orientale pour des motifs d'ordre statique.

La réédification du massif et du clocher occidentaux de S^t^ Kunibert ne fut pas moins problématique. Là encore, des raisons statiques empêchèrent la reconstruction du clocher gothique à pans brisés. L'abandon, par conséquence, des renforts supplémentaires intérieurs qui le soutenaient, avant les préjudices causés par la guerre, a engendré un volume clair, innondé de lumière et ravissant par l'élégance de ses formes. En septembre 1993, soit 50 ans après sa destruction, S^t^ Kunibert a été la dernière des églises romanes à être entièrement achevée.

Les églises romanes ont peu conservé de leur aménagement originel. Les peintures qui couvrent les voûtes de S^t^ Maria Lyskirchen sont de très grande valeur. Celles de l'abside du chœur surélevé de S^t^ Gereon de même qu'une partie des fresques murales du chœur de S^t^ Caecilien sont encore distinctes malgré les ravages de la guerre. Des fresques murales gothiques ornent également S^t^ Kunibert dont, par ailleurs, les fenêtres du chœur renferment des vitraux médiévaux. La salle du trésor de S^t^ Pantaleon ainsi que la Salle dorée de S^t^ Ursula conservent de précieux écrins romans ainsi que de magnifiques reliquaires. Il convient également de noter le jubé gothique flamboyant de S^t^ Pantaleon et celui d'époque renaissance à S^t^ Maria im Kapitol. Ils ont tous deux repris leur place d'origine après la restauration de leurs églises d'appartenance.

Si l'on a préféré ne pas installer d'autel surélevé dans le chœur de S^t^ Maria im Kapitol, celui du chœur de S^t^ Gereon a été importé de l'église détruite S^t^ Columba. Il opère une quasi séparation entre le chœur et le décagone depuis la complète rénovation de l'église. S^t^ Caecilien, quant à elle, est un véritable écrin d'art moyenâgeux depuis qu'elle abrite le Schnütgen-Museum.

Compte tenu des grandes pertes en éléments médiévaux et d'époque suivante, les églises romanes reconstruites péniblement ressemblaient partiellement à des espaces vides, voire à des ébauches clamant presque leur inachèvement. La conservatrice municipale d'alors, Hiltrud Kier, est devenue l'avocate déterminée des nouveaux équipements. Comme par le passé, les œuvres d'art de notre époque se doivent d'apporter une réponse à l'offre architecturale. Elles reprennent sa théologie et la commentent, tâche aussi ingrate que largement controversée. Ainsi et en dépit de nombreuses objections, le contenu théologique et le modelé formel des vitraux conçus par Georg Meistermann et Wilhelm Buschulte à S^t^ Gereon ont reçu un accueil enthousiaste. Il est charmant de comparer ces nouveaux vitraux à ceux de création plus ancienne de Jan Thorn-Prikker à S^t^ Georg. Les peintures des conques de St Aposteln par Hermann Gottfried sont surtout désapprouvées en raison de leur concept esthétique. Les nouveaux vitraux de Gross S^t^ Martin ont suscité le doute. Pour aussi âpres que soient certaines réticences à l'encontre des artistes ou de leurs commanditaires, le combat acharné pour les solutions durables n'en demeure pas moins nécessaire. Il faut voir dans cet état de fait l'intérêt infaillible des colonais en leurs églises romanes.

La cité médiévale s'est aujourd'hui transformée en paysage urbain. De nos jours, Cologne – bien au-delà des limites d'ex-ville impériale – englobe des secteurs qui appartenaient jadis à son électorat ainsi qu'aux duchés de Berg et Jülich. Aussi apparaît-il logique de tenir compte des églises romanes d'alentour dans la mesure où elles sont désormais incorporées au périmètre de la ville. Au même titre que les églises citadines, les petites églises de campagne portent le témoignage de l'histoire pieuse et de la culture de Cologne.

# St. Andreas

Hl. Andreas, Mitte 17. Jh., Skulptur, Vorhalle.
St. Andreas, sculpture in the entrance hall, c. 1650.
St André, milieu du XVIIe siècle, sculpture, porche.

Der hl. Andreas gehört nach dem Zeugnis der Hl. Schrift zu den ersten Jüngern und Aposteln, die Jesus berufen hat. Der Legende nach war Andreas der Apostel Kleinasiens. An einem Kreuz mit schrägem Balken, dem sog. Andreaskreuz, starb er als Zeuge Christi.

Dem hl. Andreas begegnen wir mehrfach in der ihm geweihten Kölner Kirche. Unübersehbar ist seine lebensgroße Skulptur in der Vorhalle. Wir finden ihn aber auch auf den Schlußsteinen des Chores. Dort ist freilich noch ein anderer Apostel zu sehen, der hl. Matthäus. Das erinnert uns daran, daß der Überlieferung nach Erzbischof Willibert (870–889) ein Frauenkloster ›S. Matthäus in fossa‹ gegründet haben soll. Mit fossa ist der Graben vor der römischen Stadtmauer des ersten Jahrhunderts gemeint. Von diesem ursprünglichen Bau ist nichts mehr erhalten.

Erzbischof Bruno (953–965) berief um das Jahr 960 Kanoniker, wahrscheinlich aus St. Maria im Kapitol, und legte den Grundstein für eine neue Kirche. Erzbischof Gero weihte diesen Neubau 974. Die Fundamente sind noch in der nach dem Zweiten Weltkrieg wieder freigelegten Krypta zu sehen. Der ottonische Bau bestimmte auch den späteren Bauplan. Die Baugeschichte erweist sich wie bei den meisten Kölner Kirchen als recht verwickelt. So ging die ottonische Krypta im Neubau des 12. Jhs. auf. Vor allem ist es die Stauferzeit, die ganz wesentlich das Bild von St. Andreas geprägt hat. Damals erwachte in Köln ein neues Raumgefühl. Die älteren Kirchenbauten wurden durch größere und monumentalere ersetzt, wie auch der ottonische Bau von St. Andreas durch eine dreischiffige Basilika mit Vierung und kleeblattförmigem Chor. Kurz nach ihrer Vollendung erlitt die staufische St.-Andreaskirche durch einen Brand schwere Schäden. Bei der Wiederherstellung, die mit Unterstützung des Erzbischofs Engelbert I. (1216–1225) erfolgte, wurde das Mittelschiff eingewölbt und der achtseitige Vierungsturm um ein Stockwerk erhöht. Mit seinen zwei Geschossen und seinem Faltdach über Dreiecksgiebeln beherrscht er den Außenbau. Unverkennbar ist seine Verwandtschaft mit dem Turm des Bonner Münsters.

1244/1245 wurde die Westempore, der ›neue Chor‹ mit seinem Michaelsaltar errichtet. Der staufische Langchor mußte 1414 einem spätgotischen Chor, einem gläsernen Saal nach dem Vorbild des Aachener Münsters, weichen. 1420 war er noch im Bau, und wenig später wurde die Nordkonche umgebaut. Die Südkonche erhielt ihre spätgotische Gestalt 1492. Wegen der zunehmenden Zahl der Kanoniker wurden im 14. Jh. die Seitenschiffe geöffnet und ihnen Kapellen vorgelagert. Die zweijochige Albertuskapelle im Südwesten entstand erst 1539. Der Barockisierung Mitte des 17. Jhs. fielen die mittelalterlichen Glasfenster und der Lettner zum Opfer. Bei den Restaurierungen des 19. Jhs. schuf man für den Chor neue figurale Fenster. Rechtzeitige Auslagerung retteten sie vor der Zerstörung durch Luftangriffe im Zweiten Weltkrieg. St. Andreas konnte als erste der größeren Kölner Kirchen 1947 wiederhergestellt werden. Dominikaner wurden im gleichen Jahr als Seelsorger an die Kirche St. Andreas berufen. Umfassende Innen- und Außenrestaurierungen wurden seit Mitte der 60er Jahre notwendig. Zuletzt fügte das Erdbeben 1992 St. Andreas erhebliche Schäden zu. Diese werden derzeit behoben.

Der außen dreigeschossig gegliederte Westquerbau ist turmlos mit risalitartig vorspringendem Mittelgiebel. Durch den Eingang mit dem Bronzeportal von Karl Winter betreten wir die niedrige Vorhalle. Ursprünglich war sie ein Flügel des 1843 mit den Stiftsgebäuden abgerissenen Kreuzgangs. Mit ihren Zackenbögen erinnert die Vorhalle an die Kreuzfahrerzeit, in der der Westen dem Orient begegnete. Schlanke Doppelsäulen stützen die Gewölbegurte. Gleich hier in der Vorhalle finden wir einige wertvolle Ausstattungsstücke, darunter einen Kruzifixus des 16. Jhs. Aus den Kirchen der Nachbarschaft – die im 19. Jh. abgerissen wurden – kamen manche Kostbarkeiten nach St. Andreas. Eigenartig ist der sog. Blutbrunnen der hl. Ursula – ein achtseitiger steinerner Reliquienbehälter aus dem 15. Jh. – der heute mitten in der Vorhalle steht. Er stammt aus der Makkabäerkirche, Kirche eines Benediktinerinnenklosters, die einst über dem Ort des Martyriums der hl. Ursula und ihrer Gefährtinnen errichtet worden war. Nach den Makkabäern waren Kirche und Kloster benannt, denn Erzbischof Reinhard von Dassel (1159–1167) hatte hierhin die Reliquien der Makkabäerbrüder überführen lassen. Er hatte sie zugleich mit den Gebeinen der Heiligen Drei Könige 1164 von Mailand als Kriegskontribution gefordert und erhalten.

Blick auf Westwerk und Vierungsturm. Bis zur Säkularisation standen zehn Kirchen in unmittelbarer Nähe des Kölner Doms. Davon blieb neben St. Mariae Himmelfahrt nur St. Andreas übrig.

View of the westwork and crossing tower. Until the secularization, ten churches stood in immediate proximity to the Cologne Cathedral. Of the ten, only St. Andreas and St. Mariae Himmelfahrt still stand.

Vue du massif occidental et tour de croisée de transept. Avant la sécularisation, dix églises se tenaient dans la proximité immédiate de la cathédrale. St. Mariae Himmelfahrt et St. Andreas en sont les seuls vestiges.

Die überlebensgroße Figur des hl. Christophorus (um 1490) bezaubert durch das Lächeln, mit dem der Riese zum Jesusknaben aufsieht.
The larger-than-life figure of St. Christopher, (c. 1490) is charming in the way the giant looks up to the Infant Christ.
Statue anormalement grande de St Christophe (vers 1490). Le sourire du géant qui lève les yeux l'Enfant-Jésus nous ravit.

An die Makkabäerbrüder selbst erinnert in St. Andreas der aus der Makkabäerkirche übernommene Schrein. Elias Mertz, ein Freund des Erasmus von Rotterdam, betraute den Goldschmied Peter Hanemann ›vur der paffenportzen‹ mit der Schaffung eines Schreins, der 1527 vollendet war. Nach dem Vorbild der rheinischen Reliquienschreine des 12. und 13. Jhs. gab er dem Gehäuse die Gestalt einer Kapelle. Die Reliefs auf den Wänden und dem Dach zeigen als Vorbild und als Erfüllung das Martyrium der Makkabäerbrüder und die Passion Christi. Die Mutter, die dem Tod ihrer sieben Söhne als Glaubenszeugen zustimmt, wird mit der Mutter Jesu und ihrem siebenfachen Schmerz verglichen. Gleichzeitig mit dem Makkabäerschrein kam auch der barocke Makkabäeraltar in die Kirche St. Andreas. Heute wird man ihn dort freilich vergeblich suchen. Da St. Maria in der Kupfergasse ihre gesamte Ausstattung während des Zweiten Weltkriegs verloren hat, wurde der Makkabäeraltar dorthin überführt.

Betreten wir das Innere der Kirche, so fasziniert uns der Kontrast zwischen dem kurzen gedrungenen Langhaus und dem lichten, weiten Hochchor. Das Langhaus baut sich über rhythmischem Stützenwechsel in drei Zonen auf. Die Wandgliederung ist vom Ornament beherrscht. Das zeigt sich vor allem in der Gliederung der Pfeiler durch verschiedenfarbige Steine. Die Kapitelle sind mit Tier- und Pflanzendarstellungen geschmückt. Bei der Ausmalung 1965/67 hat man darauf geachtet, daß der plastische Charakter der Wandgestaltung deutlich sichtbar wurde.

Außer der ornamentalen Wandmalerei besitzt St. Andreas in den Seitenkapellen kostbare figürliche Wandgemälde. Sie haben allerdings erst durch die jüngste, 1988 abgeschlossene Restaurierung ihre Farbigkeit zu-

Blick durch das Langhaus auf Vierung und Hochaltar. Die Kapitelle und der Rankenfries unter den Arkaden sind eine meisterhafte Arbeit spätromanischer Steinmetzkunst.
View of the nave towards transept and high altar. Stone capitals and arabesques are the skilled products of late Romanesque craftsmanship.
Croisée du transept et maître-autel vus à travers la nef. Les chapiteaux et les frises sous les arcades sont un chef d'œuvre de la sculpture sur pierre du roman tardif.

rückgewonnen und sind dabei fast zu »Neuschöpfungen« geworden. Um 1320 entstand auf der Wand hinter dem Altar der Ostkapelle der Südseite das Fresko »Christus als Weltenrichter«, auf der gegenüberliegenden Seite ist die »Krönung Mariens« zu sehen. Rund 20 Jahre später entstanden die Malereien in der Westkapelle der Nordseite, ein Marienleben in vier übereinanderliegenden Feldern: oben die Marienkrönung, darunter Christi Geburt, sodann die Huldigung durch die Heiligen Drei Könige, schließlich im untersten Feld die Kreuzigung. Auf der Westseite dieser Kapelle befindet sich das Fresko eines überlebensgroßen hl. Christophorus und auf der Konsolbank des Fensters ein drachentötender hl. Georg. An einem Pfeiler des nördlichen Mittelschiffes wiederum ist Christus als Weltenrichter zu sehen. Aus dem 15. Jh. stammen St. Agatha und St. Lucia, Wandmalereien in der westlichen Nische des Nordchores, die 1965 wieder freigelegt wurden. Auch an den Pfeilern in der Krypta sind noch Reste von Fresken erhalten. Nahe dem Eingang in das Mittelschiff steht eine gewaltige Skulptur des hl. Christophorus (um 1490), vermutlich eine Arbeit aus der Werkstatt des Kölner Stadtsteinmetzen Tilman van der Burch. Ebenfalls als sein Werk kann die Figur des hl. Michael am nördlichen Teil der Vierung bezeichnet werden (Ende des 15. Jhs). Als Vorbild für seine Auffassung des Themas wählte er sich einen Kupferstich des Israhel van Meckenem.

Als 1799 die Dominikaner aus ihrem Kloster vertrieben wurden, fanden sie zunächst bei den Stiftsherrn von St. Andreas Zuflucht. Sie brachten aus ihrer Kirche unter anderem auch die Reliquien des hl. Albertus Magnus (um 1200–1280) mit. Auch nach der Säkularisation verblieben diese in St. Andreas, bewahrt in einem barocken hölzernen Schrein. Dieser steht heute in der Sakristei. Während des 19. Jhs. fanden die Gebeine des Heiligen Aufnahme in einen mittelalterlichen Schrein,

Das spätromanische Löwenportal in der Sakristei stammt aus der Zeit um 1225.

The Late Romanesque lions portal in the sacristy dates from about 1225.

Le portail aux lions de style roman tardif dans la sacristie date d'environ 1225.

Mittelteil des Rosenkranzaltars, um 1500. Die Heiligen Dominikus und Petrus Martyr halten den Mantel der Gottesmutter.

Central part of the rosary altar, c. 1500. St. Dominique and St. Peter the Martyr hold the train of the Blessed Virgin.

Partie centrale de l'Autel du Rosaire, vers 1500. St Dominique et St Pierre martyr tiennent le manteau de la Vierge.

der ebenfalls in der Sakristei steht. Nach dem Zweiten Weltkrieg wurden sie in einen antiken Sarkophag geborgen und in die 1953 freigelegte und durch Karl Band neugestaltete Krypta überführt. Den Sarkophag hat man in einer Confessio aufgestellt, die dem Vorbild mittelalterlicher Anlagen nachgebildet ist. Zum Jubiläum seines 700. Todestags, am 15. November 1980, suchte Papst Johannes Paul II. das Grab des Heiligen auf. Eine Bronzetafel erinnert daran. Nach Albertus Magnus ist auch die Kasel benannt, ein spätgotisches Meßgewand, in das man die Gebeine des Heiligen bei ihrer Erhebung 1483 gehüllt hatte. Sie ist heute eine der textilen Kostbarkeiten des Kirchenschatzes in der Sakristei.

Aus dem einstigen Dominikanerkloster stammt auch das Rosenkranzbild, geschaffen um 1500 vom Meister von St. Severin. Gestiftet wurde es für die Rosenkranzbruderschaft von Jakob Sprenger 1474 nach der Befreiung der von Karl dem Kühnen belagerten Stadt Neuss. Auf der Mitteltafel sehen wir die Rosenkranzkönigin als Schutzmantelmadonna. Unter ihrem Mantel bergen sich die Vertreter der Stände, die Bruderschaftsmitglieder Papst Sixtus IV., Kaiser Friedrich III., sein Sohn Maximilian, der Stifter selbst, Jakob Sprenger, Prior des Kölner Dominikanerklosters und Inquisitor, übrigens vermutlich auch Mitverfasser des ›Hexenhammers‹, der so viel Leid über die Menschheit brachte. Ein dreifacher Kranz von Rosen schwebt über dem Haupt der Gottesmutter, denn dreifach ist der Rosenkranz: freuden-, schmerzens- und glorreich. Maria stehen die Heiligen Dominikus und Petrus Martyr assistierend zur Seite. Aus der einstigen Dominikanerkirche stammt auch die Rosenkranzmadonna, eine kölnische Arbeit von 1471. Sie steht am rechten Vierungspfeiler.

Über der Confessio unter der Vierung steht der mächtige Volksaltar. Zurückgesetzt im Chor dann der Hochaltar. Auf ihm befindet sich ein Flügelretabel von Barthel Bruyn d. J., Mitte 16. Jh., das auf seiner Mitteltafel die Kreuzigung darstellt. Glücklicherweise ist das um 1420 entstandene Chorgestühl erhalten geblieben. Es zeichnet sich durch seine zahlreichen Heiligen- und Prophetenfiguren aus. Das

Stirnseite des Makkabäerschreins, 1520–1527. Unten: ›Die Makkabäerbrüder umstehen ihre Mutter Salome‹. Oben: ›Die Krönung Mariens‹.

Front of the Maccabean shrine, 1520–1527. Below: The Maccabean brothers grouped around their Mother Salome. Above: ›The crowning of Virgin Mary‹.

Face avant de la châsse des Maccabées, 1520–1527. En bas: les Frères Maccabées entourent leur mère, Salomé. En haut: ›Le couronnement de Marie‹.

eigentliche Herzstück des Chores ist das Sakramentshaus aus der Mitte des 16. Jhs. Seine Reliefs sind typologisch aufeinander bezogen: dem Mannasegen in der Wüste entspricht die Einsetzung des Abendmahls, denn Christus ist das wahre Brot des Himmels. In den beiden Nischen begegnen uns noch einmal die Skulpturen der hl. Andreas und Matthäus – Patrone der heutigen Kirche und ihres ersten Vorgängerbaus.

Die farbigen Fenster des Chorabschlusses stammen aus dem ausgehenden 19. Jh. Ihr Thema ist die leidende, streitende und triumphierende Kirche in der Anbetung der aller-

heiligsten Dreifaltigkeit. Diese Glasfenster fanden eine glückliche Ergänzung in den seitlichen Chorfenstern von Vinzenz Pieper (1961). Franz Melchior entwarf für das Nordostfenster des Südchors ein Motiv zum Leben des hl. Albertus Magnus. Im übrigen besteht der Plan, für die fehlenden Fenster Entwürfe von Markus Lüppertz zu realisieren.

Eines der schönsten Beispiele Kölner Bauplastik in St. Andreas kann man nur im Rahmen einer Kirchenführung besichtigen: das Anfang des 13. Jhs. entstandene Löwenportal in der Sakristei: Hier war einst einer der Haupteingänge. Zum Ende des 14. Jhs. wurde die Vorhalle zugemauert und als Sakristei benutzt und dafür ein Eingang im Nordchor gebrochen. So entzog man das Löwenportal unserem Anblick.

Sakramentshaus, Mitte 16. Jh., Sandstein. In den Nischen neben dem Tabernakel die Kirchenpatrone Andreas und Matthäus.

Tabernacle, middle of the 16th cent., sandstone. In the niches the church's patrons Andrew and Matthew.

Tabernacle en grès, milieu du XVIe siècle. Les patrons de l'église, Matthieu et André, sont à côté dans les niches.

# St. Aposteln

Die Figur des Apostels Paulus, um 1160–1180, hängt heute in der Joseph-Könn-Aula an der Südseite des Kirchenschiffes.
The figure of the Apostle Paul, about 1160 - 1180, hangs today in the Joseph-Könn-Aula at the south side of the nave.
La figure de St. Paul Apôtre, vers 1160–1180, se trouve désormais dans le Joseph-Könn-Aula située au Sud de la nef.

Apostel nennen wir die Zwölf, die Jesus Christus aus der Schar seiner Jünger erwählte, um sie als Künder des Gottesreiches auszusenden. Den zwölf Aposteln zu Ehren ließ Konstantin d. Gr. in seiner neuen Hauptstadt Konstantinopel eine Basilika errichten. Inmitten der Kenotaphe (Scheingräber) der Apostel sollte sein eigener Sarkophag stehen, denn er fühlte sich den Aposteln gleichrangig. Die Zwölfzahl der Apostel wird in St. Aposteln durch Holzstatuetten aus der Zeit um 1330 repräsentiert. Stilistisch sind sie den Steinskulpturen des Domchors verwandt, könnten somit der gleichen Werkstatt entstammen. Vielleicht gehörten sie ursprünglich zu einem Chorgestühl. Ihre Zierlichkeit allerdings scheint eher dafür zu sprechen, daß sie einst Teil des Retabels eines Hochaltars waren. Dementsprechend stehen sie auch heute wieder in einem Retabel. Dieses hat 1988 Paul

Nagel geschaffen. Seinen Platz fand es in der Konche hinter dem Altar.

Wesentlich älter ist die Steinskulptur des Apostels Paulus, deren Original heute, den Umwelteinflüssen entzogen, in der Joseph-Könn-Aula steht. Am Westturm, dem ursprünglichen Platz, steht ein Abguß. Die Skulptur datiert in die Zeit zwischen 1160 und 1180. Identifizierbar ist sie durch die Tafel in ihren Händen mit der Inschrift: S(anctus) PAUL(us) AP(ostolus).

Trotz des Patroziniums der Aussendung der Apostel waren die Anfänge der Kirche bescheiden. Erstmals bezeugt ist eine Apostelkirche in der Lebensbeschreibung des Kölner Erzbischofs Bruno (953–965), eines Bruders Kaisers Ottos d. Gr. Als sein Leichnam von Reims nach Köln überführt wurde, bahrte man ihn kurzfristig in der Kirche vor den Stadtmauern auf.

Bedeutung gewann St. Aposteln erst unter Erzbischof Pilgrim (1021–1036), der den Kölner Erzbischöfen das Recht der Königskrönung in Aachen sicherte. Er gründete hier ein Kollegiatstift und wählte sich St. Aposteln zu seiner Grabeskirche. Das bisherige bescheidene Kirchlein mußte einem großzügigen Neubau, einer Pfeilerbasilika, weichen. Wie der Apostel Petrus in Rom, so wollte der Erzbischof in Köln vor dem Hauptaltar bestattet werden, denn so hatte es auch sein Vetter und Rivale Erzbischof Aribo von Mainz (1021–1031) für sich bestimmt. Das Grab des Erzbischofs befand sich ursprünglich in der westlichen Vierung. Der alte Sarkophag aus rotem Sandstein steht heute vor der Südkonche des Kleeblattchores. Bereits 1643/1644 – im Zuge der Barockisierung der Kirche – hatte man die Gebeine Pilgrims erhoben. Seit 1907 befinden sie sich in einem Sarkophag aus hellem Marmor in der Südkonche.

Mit 64 m Länge war der Pilgrimbau die drittgrößte Kirche Kölns während des 11. Jhs. Doppelchörig war sie angelegt – mit dem Hauptchor im Westen – und besaß eine flache Holzdecke. Von dieser Kirche stehen heute noch das Langhaus, das Westquerschiff und das Joch zwischen Querschiff und Westturm.

Die Errichtung des Westturms seit der Mitte des 12. Jhs. leitet den staufischen Umbau von St. Aposteln ein. Um dieses Turmes willen wurde ein Drittel des Westchors preisgegeben. Mit seinen fast 67 m ist er der höchste der romanischen Türme Kölns. Ganz offensichtlich sollte mit ihm ein baulicher Akzent gesetzt werden. St. Aposteln lag außerhalb der römischen Stadtmauer. Auf den Turm führte die aus Aachen kommende Straße wie bis heute hin. Neue Bedeutung gewann die Kirche, nachdem Reichskanzler Rainald von Dassel 1164 die Reliquien der Heiligen Drei Könige als Kriegsbeute von Mailand nach Köln gebracht hatte. Nach seiner Krönung in Aachen galt die erste Reise eines neuen deutschen Königs dem Besuch dieser Reliquien. Auf dem Weg durch das Hahnentor in die Stadt, zum Dom und zum Dreikönigenschrein passierte der neue Herrscher zuerst die Kirche St. Aposteln.

Die staufische Wölbung des Mittelschiffes ruht auf zwölf Pfeilern. An die Himmelsstadt Jerusalem aber erinnert vor allem die großzügige Dreikonchenanlage mit der Ostkuppel. Äußerer Anlaß, sie anstelle des rechteckigen Ostchors Pilgrims zu errichten, mag ein schrecklicher Brand im Jahre 1192 gewesen sein. Wichtiger aber sind die inneren Gründe für die Neuschaffung, vor allem das auch theologisch überzeugende Baukonzept, wie es bereits in Groß St. Martin verwirklicht war. Für St. Aposteln machte man sich die Bauerfahrungen dieser Kirche zu eigen und verwendete im Außenbau deren Gliederungsprinzipien. Die Gliederung umzieht die Konchen und die rund vorbuchtenden Untergeschosse der beiden Chorflankentürme. Sie bindet die einzelnen Bauglieder zusammen. Der Reiz der Dreikonchenanlage liegt nicht zuletzt in der geschickten Verbindung der Vertikalen mit den Horizontalen, denn sie ist es, die den Ein-

Der von den beiden Osttürmen begleitete Zentralbau der Dreikonchenanlage von St. Aposteln besticht durch seinen Formenreichtum.

One of the two east towers flanking the central-plan building of the trefoil plan of St. Aposteln has a captivating profusion of shapes.

Le corps central du chœur triconque de St. Aposteln avec les deux tours Est fascine par la richesse de ses formes.

druck vollendeter Harmonie bewirkt. In vielteiliger Steigerung über gliedernde Rundbögen, Plattenfries, Zwerggalerie und von Nischen belebte Giebel wächst der Ostbau zur bekrönenden Mitte, zu einem achtseitigen Turm mit einer gemauerten Laterne auf. Byzantinische Vorbilder scheinen unverkennbar zu sein. Vom Neumarkt aus stellt sich St. Aposteln als Zentralbau dar.

Fast noch eindrucksvoller ist die Gestaltung des Inneren. Auf die Vierungsmitte konzentrieren sich die Raumschalen der im wesentlichen gleichgestalteten Konchen; im Osten der Marienchor, im Norden der Katharinenchor, im Süden der Laurentiuschor. Trompen – das sind nischenartige Wölbungen – leiten die Vierung zum achteckigen Tambour über. Dieser trägt das Gewölbe und die lichtspendende Laterne.

Gegenüber dem gewaltigen Westturm und dem durch seinen Formenreichtum bestechenden Kleeblattchor wirkten das Langhaus und das westliche Querhaus des Pilgrimbaus zu einfach. Daher entschlossen sich die Stiftsherrn zu einem Umbau, vor allem zur Einbeziehung von Gewölben, um die neuen mit den alten Bauteilen harmonisch zu verbinden. Er nutzte die Pfeiler des Pilgrimbaus, setzte diesen Säulen vor, dazu eine zusätzliche Mauerschicht, Unterlage für einen Rundbogenfries, der seinerseits ein kräftiges Gesims trägt. Auf diesem ruhen Blendtriforien und Säulchen, Träger des Gewölbes. Die Arbeiten im westlichen Querhaus wurden bis in die 30er Jahre des 13. Jhs. fortgesetzt. Dort sind die Fenster größer und sorgen für eine stärkere Durchlichtung.

Gegen Ende des Dreißigjährigen Kriegs ließ das Stiftskapitel die Kirche barockisieren. 1643/1644 gab man die Doppelchörigkeit auf. Den Eingang verlegte man nun in den Westturm. Zwei große Portale wurden in die Westmauer des Turmes eingefügt, die Krypta zugeschüttet, das Turmerdgeschoß eingewölbt. Es sollte nunmehr als Vorhalle des neuen Haupteingangs dienen. Erst nach dem Zweiten Weltkrieg wurde dieser Eingang geschlossen bzw. an die Südseite verlegt. Die Krypta wurde rekonstruiert. Geblieben ist jedoch die strikte Ausrichtung der Längsachse der Kirche eindeutig nach Osten. Von der barocken Ausstattung der Kirche hat sich kaum noch etwas erhalten, abgesehen von den Figuren Petrus, Paulus und Heribert vom barocken Hochaltar. Petrus und Paulus stehen heute am Eingang zur rekonstruierten Krypta, die Heribertfigur in der Südkonche. In der Nordkonche befindet sich das von Johann Wilhelm Pottgießer 1671 gemalte Altarbild des Martyriums der hl. Katharina von Alexandrien. Das 1643 von Johann Hulsmann für den St. Laurentiusaltar in der Südkonche gemalte Altarblatt befindet sich als Dauerleihgabe in St. Maria Himmelfahrt und ziert den dortigen Hochaltar.

Nach Abschluß der Restaurierungsarbeiten, die im 19. Jh. notwendig geworden waren, ließ Pfarrer August Savels (1888–1915) Gewölbe und Wände der Kirche mit Mosaiken reich ausstatten. St. Aposteln wirkte dadurch noch byzantinischer als es seine Architektur schon nahelegte. Durch die Luftangriffe des Zweiten Weltkrieges wurden die Mosaiken schwer beschädigt, im Kuppelbereich sogar ganz zerstört. Beim Wiederaufbau der Kirche Anfang der 50er Jahre verzichtete man auf die Wiederherstellung der Mosaiken, ließ sogar die noch erhaltenen Stücke gänzlich entfernen. Ausgenommen blieb das Mosaik des Guten Hirten im Nordflügel des Westquerbaus, denn dieses ist eine persönliche Erinnerung an das goldene Priesterjubiläum von Pfarrer Savels. Doch bald schon empfand man die Wände als zu kahl. Bereits beim Wiederaufbau des Trikonchons und der Kuppel, zwischen 1970 und 1975, machte man erste Versuche zu einer Wiederbemalung. Die von Manfred Ott geschaffene Ornamentmalerei der Tambourzone wurde wieder preisgegeben. Statt dessen erarbeiteten der Pfarrer von St. Aposteln, Msgr. Karl-Günther Peusquens, und Professor Wil-

Die Visionen der Johannesapokalypse liegen dem Programm der Ausmalung der Dreikonchenanlage zugrunde, die Hermann Gottfried vom Herbst 1988 bis Ende 1993 verwirklichte.

The subject matter of the painting in the trefoil plan, which Hermann Gottfried carried out from the autumn of 1988 until the end of 1993, is based on St. John's Apocalyptic Vision.

Les visions de l'Apocalypse selon St. Jean constitue le thème des peintures de chœur reiconque. Elles ont été réalisées entre l'automne 1988 et la fin 1993 par Hermann Gottfried.

helm Nyssen gemeinsam ein biblisches Bildprogramm. Den Auftrag zur Realisierung dieses Programmes erhielt der Kirchenmaler Hermann Gottfried. Im Herbst 1988 begann der Künstler mit seinem Werk. Er vollendete es Ende 1993. Die Visionen aus der Offenbarung des Johannes bestimmen den Inhalt der Gemälde. Der Betrachter blickt zunächst auf den in abstrakten Formen gehaltenen himmlischen Thron Gottes in der Ostkonche. In der Nordkonche erkennt er in der »apokalyptischen Frau« die Bedrohung des Volkes Gottes durch die Mächte des Bösen; den Kontrast bilden im Süden das »Lamm auf dem Berg Zion« und die zu ihm hinziehenden Erlösten. Im oberen Teil der Kuppel, dem Abbild der Himmelsstadt, hört die figürliche Malerei auf, denn die Vollendung entzieht sich der Beschreibbarkeit. Gegen die Ausmalung von St. Aposteln hat sich heftige Kritik erhoben: sie entspreche nicht der Architektur der Kirche, ersticke sie im Farbenwirbel und bleibe dem heutigen Betrachter zu fremd. Dem stehen ein großes Interesse, die Bereitschaft vieler Besucher, sich mit den biblischen Inhalten und ihrer künstlerischen Interpretation zu beschäftigen, sowie eine breite Zustimmung gegenüber. Erst die Zukunft wird – wie bei fast allen Werken der Kunst – ein endgültiges Urteil erlauben.

Die zentralisierende Funktion der Kuppel greift der über dem Altar schwebende, sich am Aachener Barbarossaleuchter orientierende Baldachin auf. Aus dessen Strahlenkranz löst sich eine Taube. Mit ihren Füßen umklammert sie den Tabernakel. Sie schwebt über dem Altar, der von Säulchen der ersten Bauzeit getragen wird. Sepp Hürten hat 1975 dieses Gesamtwerk geschaffen.

Was aber blieb von der mittelalterlichen Ausstattung? Die gotischen Apostelfiguren erwähnten wir bereits. Hinzu kommt eine Muttergottes mit Kind um 1400 links hinter dem Altar, ihr gegenüber eine Paulusfigur, der um 1450 geschnitzte hl. Georg, ein Schmerzensmann, geschaffen von Tilman van der Burch. Diese steht inmitten der modernen Kreuzwegstationen, die Sepp Hürten nach 1960 für die Vorhalle geschaffen hat. Beachtung wert ist das Gemälde des Erzengels Michael von Otto Mengelberg (1839). Es steht auf der Orgelbühne über der Krypta. Die 14 Nothelfer, 16.–18. Jh., besitzen unterschiedliche Qualität. Für das Anfang des 20. Jhs. geschaffene, aber leergebliebene Gehäuse des neugotischen Marienaltars schufen jüngst Dieter und Henrike Franz einen Zyklus zum Marienleben in modernen, fast ein wenig naiv anmutenden Formen.

Türen führen vom südlichen Seitenschiff in einen als Werktagskirche konzipierten und 1956 vollendeten Raum. Er heißt heute Joseph-Könn-Aula und erinnert mit diesem Namen an den um die Erneuerung des liturgischen Gebetes in der Erzdiözese Köln hoch verdienten Pfarrer, zu dessen 80. Geburtstag er 1956 vollendet wurde. Den schweren Baumassen der romanischen Kirche sollte als Kontrast ein leichter, lichter Raum zur Seite gestellt werden. Seine Südwand ist darum ganz in ein Glasfenster aufgelöst. Als Thema der Glasmalerei wählte der Kölner Bildhauer, Medailleur und Glasmaler Ludwig Gies (1887–1968) die Aussendung der Apostel. Die Joseph-Könn-Aula wird heute gerne auch für kirchenmusikalische Ereignisse benützt.

# St. Caecilien

Caecilia, assistiert von Tiburtius und Valerian, empfängt den Siegeskranz. Tympanon des Nordtors, um 1160.
Caecilia accompanied by Tiburtius and Valerianus receives the victor's laurels. Tympanon of the northern gate, c.1160.
Cécile, assistée de Tibère et Valérien, reçoit la couronne de la victoire. Tympan du portail nord, vers 1160.

Nach Jacobus de Voragine ist »Caecilia« soviel wie »caeli lilia, Himmelslilie, oder caeli via, ein Weg den Blinden«. Von Jugend an Christin, führte Caecilia ihren Bräutigam Valerian und dessen Bruder Tiburtius zum christlichen Glauben. Während einer Christenverfolgung in Rom wurden die beiden Männer ins Gefängnis geworfen und um ihres Glaubens willen hingerichtet. Weil auch Caecilia sich weigerte, den Göttern zu opfern, mußte auch sie als Märtyrerin sterben. Als ihr Todestag gilt der 22. November 232. Gemeinsam mit ihrem Bräutigam Valerian und dessen Bruder Tiburtius ist die Heilige auf dem Tympanon des Nordtores der ihr in Köln geweihten Kirche dargestellt. Der vom Himmel herabschwebende Engel reicht Caecilia den Kranz mit Lilien und Rosen. Dieses Tympanon – an seinem ursprünglichen Platz hängt heute eine Kopie, das Original befindet sich im Schnütgen-

Museum – gehört zu den wenigen erhaltenen Beispielen Kölner monumentaler Bildhauerkunst aus der Zeit um 1160. Die Umschrift lautet in deutscher Übersetzung: »Ihr, die ihr diesen Lohn der Jungfräulichkeit erblickt, hofft, durch die gleiche Tugend gleichfalls selig zu werden«. Sie wandte sich einst an die aus dem Kreuzgang in die Kirche eintretenden Stiftsdamen, für die im letzten Viertel des 9. Jhs. St. Caecilien als Damenstift gegründet wurde. Ihre Kirche steht an einem durch die Tradition geheiligten Platz, denn nach einer mittelalterlichen Legende befand sich an dieser Stelle der erste Kölner Dom. Ausgrabungen unter St. Caecilien und ihrer Nachbarkirche, St. Peter, haben die Legende nicht bestätigt. Zwar gewann man Aufschluß über den dort einst befindlichen Thermenbezirk, doch Spuren einer spätantiken oder vorkarolingischen Kirche ließen sich nicht entdecken. Wie ehrwürdig aber gleichwohl St. Caecilien war, geht aus der Tatsache hervor, daß der Kölner Erzbischof die zweite der drei Weihnachtsmessen, die ›Missa in aurora‹ (Messe am frühen Morgen), in dieser Kirche las.

Im Laufe der Jahrhunderte übte das Stift immer weniger Anziehungskraft aus. Elisabeth von Reichenstein war die letzte Äbtissin. Stefan Lochners »Madonna mit dem Veilchen« (Erzbischöfliches Diözesanmuseum) stellt sie als Stifterin dar. Als der Burgunderherzog Karl der Kühne 1474 Neuss belagerte, fürchtete auch die Stadt Köln seinen Angriff. Um dem Feind keine Stützpunkte vor den Mauern der Stadt zu überlassen, wurden alle Gebäude des Vorfeldes niedergelegt, auch die des Klosters der Augustinerinnen, Weiher. Die Nonnen erhielten innerhalb der Stadtmauer ein Notquartier. Da dieses sich als unzureichend erwies, übertrug der päpstliche Legat Alexander von Forlì den Augustinerinnen – einem Vorschlag des Rates der Stadt Köln folgend – die halb leerstehenden Gebäude des Caecilienstifts. Vergeblich strengte Elisabeth von Reichenstein gegen diesen Entscheid einen Prozeß an. Erst mit ihrem Tod (1485) endete der Streit, St. Caecilien blieb im Besitz der Augustinerinnen.

In der Regel waren die den Stiftskirchen benachbarten Pfarrkirchen viel bescheidenere Bauten als diese. Nach der Säkularisation wurden die Pfarrechte auf die ehemaligen Stiftskirchen übertragen, die alten Pfarrkirchen fielen der Spitzhacke zum Opfer. Anders ist es mit St. Peter. Diese spätgotische Kirche galt als unverzichtbar. St. Caecilien aber diente dem von Johann Peter Weyer im ersten Drittel des 19. Jhs. errichteten Bürgerhospital als Kirche. Das Krankenhaus hat den Zweiten Weltkrieg nicht überdauert: Kölnischer Kunstverein, Josef-Haubrich-Kunsthalle und Zentralbücherei sind die Kulturbauten, die an seine Stelle getreten sind.

St. Caecilien und St. Peter bildeten das einzige in Köln noch erhaltene Ensemble von Stifts- und Pfarrkirche. Pater Friedhelm Mennekes hat die »Kunststation St. Peter« zur wichtigsten Stätte des Dialogs zwischen heutiger Kunst und Kirche gemacht.

Aus Grabungsfunden läßt sich erschließen, daß die ursprüngliche Stiftskirche einschiffig war. Sie besaß einen Rechteckchor. In ottonischer Zeit wurde sie durch eine dreischiffige Kirche, ebenfalls mit Rechteckchor, ersetzt. Von ihrer fünfschiffigen Westkrypta haben sich Reste erhalten. Der gleichen Bauzeit gehört auch der sogenannte Fränkische Bogen an. Ursprünglich stand er auf der Ostseite des einstigen Innenhofes von St. Caecilien. Heute ist er Durchgang zum Schnütgen-Museum.

In der Stauferzeit, 1130–1160, trat an die Stelle des ottonischen Baus ein Neubau. Nur die Langhausfundamente und die Nordwand des ottonischen Baus behielt man bei. Die Kirche der Stauferzeit ist eine dreischiffige Pfeilerbasilika ohne Querschiff, aber mit Chorquadrat und Ostapsis. Auch die beiden Seitenschiffe besaßen ursprünglich Apsiden als Ostabschluß. Die Apsis des nördlichen Seitenschiffs mußte 1479 dem Bau der spätgotischen

Das südliche Seitenschiff von St. Caecilien. Die Vielzahl der Statuen aus den Beständen des Schnütgen-Museums läßt etwas von der reichen Ausstattung kölnischer Kirchen im Mittelalter ahnen.

The south aisle of St. Cecilia's. The wealth of sculptures from the Schnütgen Museum's collection shows just how richly decorated Cologne's churches were in the Middle Ages.

Collatéral sud de St. Caecilien. La profusion de statues de la collection du Schnütgen-Museum nous laisse deuiner la richesse de la décoration des églises de Cologne au Moyen-Age.

Siegburger Madonna, Kalksteinrelief, Köln um 1150–1160. Die Anmut der Gesichtszüge paart sich bei der Gottesmutter mit der herben Strenge der Herrscherin.

Siegburger Madonna, limestone relief, Cologne, ca. 1150–1160. Tenderness in the face of the Blessed Virgin is combined with sovereign severity.

Madone de Siegburg, bas-relief en calcaire, Cologne, vers 1150–1160. La grâce des traits du visage de la Vierge s'accompagne de l'extrême sévérité de la Souveraine.

Sakristei weichen. Das geschah auf Initiative der Augustinerinnen. Diese sorgten auch für die Einwölbung des Mittelschiffes. Die im Zweiten Weltkrieg zerstörten Gewölbe des Mittelschiffs hat man, da sie der romanischen Baukonzeption widersprachen, nicht wieder erneuert. An ihre Stelle ist eine einfache Holzdecke getreten. Aus statischen Gründen mußte man auch auf die Erneuerung des Dachreiters verzichten. Das Dach wirkt darum viel schlichter als in der Vorkriegszeit. Zum kostbarsten Bestand der Innenausstattung der Kirche zählen die Bildzyklen im Chorjoch, die bei der Restaurierung am Ende des 19. Jhs. wiederentdeckt und deren Farben stark aufgefrischt wurden. Durch die Kriegseinwirkungen aber haben die Fresken ihre Farbigkeit eingebüßt. Nur mit Mühe kann daher der heutige Betrachter ihren Inhalt entschlüsseln. Auf der Südseite des Chores sind Szenen aus dem Leben Christi, auf der Nordseite Szenen aus der Legende der hl. Caecilia dargestellt. Seit 1956 dient St. Caecilien dem Schnütgen-Museum als Domizil. Der Charakter der Kirche wurde jedoch nicht aufgegeben. Zweimal

Der Heribertskamm, Elfenbein, zweite Hälfte 9. Jh. Einst Beigabe im Schrein des Erzbischofs Heribert. Der Kamm diente zeremoniellen Zwecken bei der Bischofsweihe oder Königskrönung.

The Heribert comb, ivory, second half of 9th century. Burial gift for archbishop Heribert, originally used for ceremonial purposes such as the consecration of a bishop or the coronation of a king.

Peigne d'Héribert en ivoire, seconde moitié du IXe siècle. Ajouté jadis à l'écrin de l'archevêque Héribert, il servait lors des cérémonies de sacre des rois et des évêques.

Elfenbein-Buchdeckel. Diptychon, um 800. Oben: die vier Evangelisten, Mitte: Verkündigung mit Stadtbild Nazareth, Geburt mit Bethlehem. Unten: Kreuzigung, die Engel am Grabe.

Ivory book cover, diptych, c. 800. Above: the four evangelists. Middle: the anunciation. Below: the crucifixion, the angels at the tomb.

Couverture de livre en ivoire. Diptyque, vers 800. Haut: les quatre évangélistes, milieu: Annonciation et vue de Nazareth, Nativité et Bethléem. Bas: crucifixion et anges à la tombe.

Zu den originären Ausstattungsstücken St. Caeciliens zählt die Wandmalerei mit musizierenden Engeln im Mittelschiff.
The murals with the music-playing angels in the nave are among the original decorations of St. Caecilien .
Les peintures murales aux anges musiciens dans la nef centrale font partie des décorations oriignelles de St. Caecilien.

im Jahr wird hier eine hl. Messe gelesen, am Patronatstag und an Heiligabend. Karl Band gliederte der Kirche einen zurückhaltend wirkenden Verwaltungstrakt für das Museum an.

Hervorgegangen ist das Museum aus der Sammlung kirchlicher mittelalterlicher Kunst, die der Kölner Domkapitular Alexander Schnütgen (1843–1918) in vielen Jahren systematisch aufgebaut hatte. Seine Sammlung spiegelt u. a. die mittelalterliche Bildhauerkunst im Rheinland wider. Auch die herrlichen romanischen Bildwerke fügen sich vorzüglich in den Raum der Caecilienkirche ein. Der Heribertkamm (zweite Hälfte des 9. Jhs.) ist ein Werk der karolingischen Elfenbeinkunst. In einer Metzer Werkstätte wurde er angefertigt. Die Mitte der figürlichen Darstellung nimmt Christus am Kreuze ein. Vor ihm knien – in eine Toga gekleidet – die römischen Soldaten Longinus mit Lanze und Stephaton mit Essigschwamm. Hinter ihnen stehen links Maria und rechts Johannes. Die Symbolgestalten von Sonne und Mond repräsentieren die Trauer des Kosmos über den Tod Christi am Kreuz. Von rechts und von links neigt sich je ein Engel dem Kreuzesgeschehen zu. Die Pflanzenornamente deuten auf das Kreuz als Lebensbaum, denn durch seinen Tod am Kreuz schenkt Christus den Menschen das ewige Leben. Vermutlich diente der Kamm zeremoniellen Zwecken, und zwar dem Kämmen des Haares des zum Bischof oder König Gesalbten. Das Glätten des Haares war Hinweis auf das Ordnen der Gedanken, die Konzentration auf das liturgische Geschehen. Die Siegburger Madonna (Köln, um 1150–1160) wird vermutlich zu Unrecht als Bekrönung des einstigen Abtstuhls der Siegburger Abteikirche gesehen. Doch ist bis heute ungeklärt, in welchen Zusammenhang sie gehören könnte. Die Madonna erscheint hier als königliche Herrscherin. Ihr Kopf ist nicht ohne Anmut, dennoch wirken Gesicht und Gestalt streng, ja starr. Als neue Eva hält Maria in ihrer Linken den Apfel, die Frucht des Baumes der Erkenntnis, während sie in der Rechten ihren Sohn hält. Die Schriftrolle in seiner Hand läßt ihn als den Lehrenden erscheinen. Maria gilt dem mittelalterlichen Denken als der ›Thron der Weisheit‹, von dem herab Christus seine Herrschaft verkündet. Eine Mandorla umgibt Christus und Maria. Außerdem sind sie von Löwe und Stier, den Symbolen der Evangelisten Markus und Lukas, flankiert. Das Blattornament, das die Komposition nach unten wie ein Sockel abschließt, erinnert an das Paradies, das Adam und Eva, die ersten Stammeltern, verloren hatten, aber durch Maria, die neue Eva, und Christus, den neuen Adam, erneuert wurde. Auch die Gotik ist mit bedeutenden Bildwerken vertreten. Dabei kommt die Volksfrömmigkeit nicht zu kurz. Ein schönes Beispiel ist Christus auf dem Palmesel (um 1500), der bei Prozessionen am Palmsonntag mitgeführt wurde.

# St. Georg

Der hl. Georg tötet den Drachen. Detail aus dem Zyklus des Meisters der Georgslegende. Köln, um 1460 (Wallraf-Richartz-Museum).
St. George kills the dragon. Cycle of the master of the legend of George, Cologne, c.1460 (Wallraf-Richartz-Museum).
St George tuant le dragon. Détail du cycle du maître de la légende de St George, Cologne, vers 1460 (Wallraf-Richartz-Museum).

Legenden umranken die Geschichte des hl. Georg. Er stammte aus Kappadokien in Griechenland, trat in den römischen Kriegsdienst, errang hohe Ehren und wurde um seines christlichen Glaubens willen im Jahre 203 enthauptet. Die Legende machte aus ihm einen christlichen Perseus, und als Drachentöter wurde er zu einem volkstümlichen Heiligen.

Anno II. (Erzbischof von Köln 1056–1075) weihte diesem Heiligen das von ihm zur seelsorglichen Betreuung des vorstädtischen Bezirks ›Oversburg‹ gegründete Kollegiatstift. Im Gegensatz zu anderen Kölner Stiften stand St. Georg auch Bürgerlichen offen.

Zur Römerzeit war auf dem Grundstück der St.-Georgskirche an der nach Süden führenden Heeres- und Gräberstraße eine ›Statio beneficiorum‹, eine Straßenpolizeistation. Heute liegt auf der gegenüberliegenden Seite das Polizeipräsidium. Bereits im 7. Jh.

muß es hier ein Oratorium oder eine Kapelle gegeben haben, die im 16. Jh. Caesariuskapelle genannt wurde. Caesarius wurde als Christ unter Kaiser Trajan (98–117) bei Terracina ins Meer geworfen und ertränkt. Das Annolied erwähnt im 12. Jh., daß Anno II. der von ihm erbauten Jakobskapelle eine Caesariusreliquie schenkte. Sie kam später nach St. Georg. Sicher ist jedenfalls, daß auch Caesarius in St. Georg verehrt wird. Das interessanteste Zeugnis dafür ist das Altarbild aus der Werkstatt des Barthel Bruyn d. J., das Johann Gebhard von Mansfeld, Propst von St. Georg und später Erzbischof von Köln (1558–1562), stiftete, heute im Ostchor der Kirche. Die Mitteltafel zeigt die Beweinung Christi, die Seitentafeln Kreuztragung und Auferstehung. Wird der Flügelaltar geschlossen, dann erscheinen auf den Außenseiten links der Apostel Petrus und der Erzbischof Anno, rechts die beiden Kirchenpatrone Caesarius und Georg.

Bald nach seinem Amtsantritt muß Anno mit dem Bau der Kirche St. Georg begonnen haben. Wie so oft fehlen genaue Baudaten. Annos Kirche ist eine dreischiffige Säulenbasilika mit einer Vierung und mit Querarmen, die in dreiseitig gebrochenen Konchen schließen, sowie einem dreischiffigen in Apsiden endenden Chor. Die Säulen des Langhauses haben attische Basen und Würfelkapitelle. Anscheinend war es der Wunsch Annos, daß die Säulen aus antiken Bauten übernommen wurden. Es gelang ihm, sieben Säulen aus rotem und eine aus hellem Sandstein aufzutreiben. Der Einzelgänger steht im Nordosten des Schiffs. Die Verschiedenheit des Materials wurde anscheinend durch eine einheitliche Farbgebung ausgeglichen. Farbig gefaßt, mit Fresken bedeckt, müssen die Wände sehr festlich gewesen sein.

Zu Annos Zeiten waren nur die Querschiffarme tonnengewölbt. Im übrigen besaß die Kirche eine flache Holzdecke und bereits eine Krypta. Acht Säulen – entsprechend der Ordnung im Innern der Kirche – trennen die drei Schiffe der Krypta. Ihr östlicher Teil – unter der Ostapsis – liegt höher als die übrige Krypta. Die dem Altar zugewandte Seite des Kapitells der nordöstlichen Seite trägt eine Inschrift in den Formen des 11. Jhs.: »Herebrat me fecit« (Herebrat hat mich gemacht).

In staufischer Zeit, in der Mitte des 12. Jhs., traten Gewölbe an die Stelle der bisherigen Holzdecken der Kirche. Das bedeutete einschneidende Veränderungen. Im Schiff mußten mitten in die Reihe der Säulen schwere Pfeiler gesetzt werden, um die Kreuzgratgewölbe einziehen zu können. Die Gewölbe lassen den Raum als Ganzes niedriger, gedrungener wirken. Zwei Joche hat das Schiff. Als drittes tritt das der Vierung hinzu. Dann folgt das Chorjoch. Trotz dieser Neuerungen blieb das Wesentliche von Annos Bau erhalten.

Ein halbes Jahrhundert später tritt an die Stelle des runden Westchors der mächtige, quadratische Westbau der staufischen Klassik, der bis heute das Äußere des Gotteshauses bestimmt. Allerdings ist er – da die finanziellen Mittel des Stiftes nicht ausreichten – niemals vollendet worden. Auf einem drei Meter hohen Sockel, der sich in einer steigenden Kurve nach oben verjüngt, ruht der würfelförmige, festungsgleiche Baukörper. Seine beiden unteren Lagen bestehen aus Basaltsäulen, die weiteren aus Trachytquadern. Auf die ursprünglich geplante Zwerggalerie mußte ebenso wie auf den eigentlichen Westturm verzichtet werden. Statt dessen erhielt der Westchor ein schlichtes Zeltdach. Um 1700 wurde es durch eine barocke Schieferhaube ersetzt, die eine Zwiebelhaube bekrönte. Im Bombenhagel des Zweiten Weltkriegs wurde auch dieses Dach zerstört. Bei der Wiederherstellung in den Nachkriegsjahren entschied man sich aus Kostengründen für ein einfaches Walmdach. Der außen fast nüchtern, ja abweisend wirkende Bau des Westchors überrascht in seinem Innern durch seinen Formenreichtum. Eine hochgespannte Hängekuppel zentriert den Innenraum. Seine Wände sind jeweils in zwei Geschossen dreischalig durchgegliedert. Für

Blick durch das Langhaus zum Ostchor. Im Vordergrund das romanische Taufbecken.

View through the nave to the east choir. In the foreground, the Romanesque baptismal font.

Vue du chœur Est depuis la nef. Fonts baptismaux romains en avant-plan.

Moderne Kunst in alten Bauten. Der ›Kreuzaltar‹ des B. Bruyn d. J. vor den starkfarbigen Glasfenstern des J. Thorn-Prikker aus dem Jahre 1930.

Modern art in old buildings. The ›Altar of the Cross‹ by B. Bruyn d. J. in front of J. Thorn-Prikker's bright-coloured windows of 1930.

Cohabitation du style ancien et du moderne derrière ›l'autel contemporain de la croix‹ dû à B. Bruyn, les vitraux aux couleurs vives de J. Thorn-Prikker datant de 1930.

Streng stilisiert und noch im Tode voll herrscherlicher Würde: der Georgs-Kruzifixus, 1067 (Original im Schnütgen-Museum).

The stylised St. George crucifix. Full of lordly dignity even in death, 1067 (original in the Schnütgen Museum).

Crucifix de St George: sévérité et dignité souveraine dans la mort, 1067 (original au Schnütgen-Museum).

Hiltrud Kier drängt sich der Vergleich mit dem Gestaltungsprinzip der römischen Stadttore, die ein großes Mitteltor und zwei kleinere, seitliche Durchlässe besaßen, geradezu auf: »Um diese Zeit, im 12. Jh., standen noch römische Stadttore in Köln und der Architekt dieser schönen Wandeinteilung von St. Georg hatte genügend Gelegenheit, sich davon beeinflussen zu lassen.« Nach Osten öffnet sich der Westchor zum Kirchenschiff. In der Mitte des Westchors steht der romanische Taufstein für die Familien, die innerhalb der Stiftsimmunität wohnten und hier den Gottesdienst feierten. Mit der Errichtung des Westchors endete die mittelalterliche Bautätigkeit an St. Georg.

In der Renaissance wurde sie erneut aufgenommen. Die Eingänge erhielten Vorhallen. Die südliche wurde 1536 errichtet, aber leider im Zweiten Weltkrieg zerstört. Köln verlor damit ein wichtiges Beispiel der Renaissancearchitektur. Erhalten blieb wenigstens das Südportal mit seinen phantastischen Löwen, Schöpfungen der frühen Stauferzeit. Fast könnte man an chinesische Fabeltiere denken. Die etwas später entstandene nördliche Vorhalle ist noch erhalten.

Der Barock bescherte nicht nur dem Westchor von St. Georg ein neues Dach. Auch im Innern der Kirche erfolgten starke Eingriffe. Der Bonner Hofmaler Johann Martin Metz malte sie mit Rocaillen und Blumenzweigen aus, und im 19. Jh. ließ man sie im Sinne des Historismus renovieren. Die Fassade der nördlichen Vorhalle, durch deren Eingang man heute die Kirche betritt, hat im 19. Jh. Heinrich Nagelschmidt in historisierenden Formen gestaltet. Zerfallserscheinungen an der Bausubstanz erkannte man zwar, aber die Instandsetzungsarbeiten waren unzureichend, so daß 1927 der Abbruch der Kirche drohte. Der damalige Pfarrer Heinrich Fabry aber kämpfte erfolgreich für ihre Erhaltung und Renovierung. Diese erfolgte aus dem Geist der Neuen Sachlichkeit. Für die Innenausgestaltung konnte man sich dabei auf den Rat von Clemens Holzmeister in Wien stützen. Ihm verdankt die Kirche eine damals zukunftsweisende Chorlösung. Der Kreuzaltar fand dabei seinen Platz über der Stelle, die einst der Altarblock der Kapelle eingenommen hatte, die dem Bau Annos vorangegangen sein mußte. Die Glasfenster schuf Jan Thorn-Prikker, damals Lehrer an den Kölner Werkschulen. Damit erhielt St. Georg Fenster, die als Inkunabeln einer neuen Kunst der Glasmalerei verstanden werden dürfen. Die Rundbogenfenster hinter dem Tryptichon des Hochaltares gestaltete er in Formen geometrischer Symbole. Figürlich sind die Westfenster des Chores gestaltet. Sie stellen die Schutzpatrone der Kirche und der einstigen Pfarrkirche St. Jakob dar.

Im Kreuzhof an der Nordseite der Kirche ruhen die Opfer des Luftangriffs vom 2. März 1945.

North of the church the cross yard where the victims of the airrade, 2. march 1945, are buried.

Les victimes de l'attaque aérienne du 2. mars 1945 reposent dans la cour du cloître, côté nord de l'église.

Bevor man durch die nördliche Vorhalle den eigentlichen Kirchenraum betritt, sollte man zunächst den Ehrenfriedhof östlich von der Vorhalle im Kreuzhof besuchen. Inmitten der anderen Opfer des Luftangriffs vom 2. März 1945 ruhen Pfarrer Heinrich Fabry und auch sein Nachfolger Karl Boskamp. Der Ausbau des Kreuzhofes erfolgte ebenfalls nach der Konzeption von Thorn-Prikker. Die Mosaiken der Kreuzwegstationen gehen auf Entwürfe von Milli Schmitz-Steinkrüger zurück.

Den Ostchor beherrscht die Gestalt eines Gekreuzigten in der Nachfolge des Gero-Kruzifixus aus dem Kölner Dom. Das Original befindet sich im Besitz des Schnütgen-Museums. Die Replik in St. Georg ist um die am Original verlorenen Arme und Füße ergänzt. Während hier der Gekreuzigte als Herrscher über den Tod wirkt, bringt das Pestkreuz aus der Zeit um 1380 die Summe des menschlichen Leidens zum Ausdruck, aufgehoben eben im Leiden Christi. Die Gabel des ursprünglichen Astkreuzes ist leider verlorengegangen. Eduard Schmitz schuf 1966 nach alten Vorbildern ein neues Astkreuz.

St. Georg bietet noch viele Kostbarkeiten. Das Renaissance-Epitaph des Dekans Wilhelm Wichius (1517–1535), eines Verteidigers des katholischen Glaubens im Zeitalter der Reformation, muß ebenso erwähnt werden wie der von Sepp Hürten neugestaltete Hochaltar und das ebenfalls von ihm gestaltete Gitterwerk des Sakramentsaltares im südlichen Nebenchor. Aus dem Kunsthandel erwarb der Förderverein der Romanischen Kirchen ein Votivbild, Muttergottes mit Kind, ein Mosaik von Thorn-Prikker, das dieser 1913 unter dem Eindruck seiner Reisen nach Ravenna schuf. So fügen sich Altes und Neues in der Kirche St. Georg zu einer glücklichen Einheit.

# St. Gereon

Der hl. Gereon und seine Gefährten (Ausschnitt), um 1445 (Kölner Dom, Altar der Stadtpatrone von Stefan Lochner).
St. Gereon and his companions (detail), c. 1445 (Cologne cathedral, Altar der Stadtpatrone by Stefan Lochner).
St Gereon et ses compagnons à vers 1445 (détail) (Cathédrale cologne, Altar der Stadtpatrone de Stefan Lochner).

Als einzige der romanischen Kirchen Kölns umschließt St. Gereon einen römischen Gründungsbau. Der Legende nach ist er von der hl. Helena gestiftet. Bei Nachkriegsgrabungen im Fundament des durch den Luftangriff 1944 gänzlich zerstörten nordwestlichen Pfeiler des Dekagons fand sich der Sockel eines Isis-Opferaltars mit einer Münze des Kaisers Constans, die in Trier 342–346 geprägt wurde. Erst nach diesem Zeitpunkt kann somit der Sockel für das Fundament des Pfeilers verwendet worden sein. Somit ist das Dekagon erst in der Zeit nach Kaiserin Helena gebaut worden. Einem literarischen Zeugnis des Gregor von Tours zufolge war die Kirche dem Gedächtnis an Märtyrer, Angehörige der thebäischen Legion geweiht. Er spricht von der Kirche der Goldenen Heiligen. Bei Ausgrabungen konnten Reste von Mosaiken, goldhinterlegte Glasstücke gefunden werden, ebenso auch Marmor an den unteren Teilen der Wand. So können wir ahnen, wie schön der antike Bau ausgesehen hat.

612 ist erstmals der Name »Basilika St. Gereonis Martyris« bezeugt. Der mittelalterlichen Legende nach war Gereon ein Offizier der thebäischen Legion. Zur Zeit des Kaisers Maximinian wurde diese aus der Thebais in Oberägypten abberufen und nach Gallien verlegt. Während des Zuges über die Alpen bekamen die Soldaten den Befehl, gegen die Christen mit Gewalt vorzugehen. Als sie sich weigerten und sich selbst zum Glauben an Christus bekannten, wurden sie sämtlich hingerichtet. Die Auffindung ihrer Gebeine in der Zeit des Erzbischofs Anno und später des hl. Norbert von Xanten gab der Verehrung mächtige Impulse. In Köln avancierten Gereon und seine Gefährten zu Patronen der Stadt. Deshalb ist Gereon auf dem rechten Flügel des Gemäldes der Kölner Stadtpatrone, dem sogenannten Dombild Stefan Lochners, dargestellt. Die zu seinen Ehren errichtete Kirche galt neben dem Dom als ranghöchste Kirche im Erzbistum. Den Merowingern diente sie als Krönungs- und Huldigungskirche. Hildebold (†818), der erste Kölner Erzbischof, wählte sich St. Gereon als Grablege. Anno II. bereicherte die Kirche durch einen Langchor.

In der Zeit des Erzbischofs Arnold II. von Wied (1151–1156) begann man mit der Erweiterung des Langchores und der Krypta. Vollendet wurde der Chor vielleicht erst in den frühen siebziger Jahren. Ein solcher Reichtum der äußeren Gliederung wie bei der Chorfassade von St. Gereon wurde bei keiner der Kölner romanischen Kirchen wieder erreicht. Die Betonung der Horizontalen: breite Apsis, vier Geschosse, Zwerggalerie, Giebel wird durch die energische Vertikale der Flankentürme mit den sieben Geschossen, die sich nach oben verjüngen, kontrastiert. Dabei sind die drei unteren Geschosse der Türme in die Gliederung der Apsis einbezogen. Der Ostchor von St. Gereon ist das früheste Beispiel eines staufischen Etagenchors in Köln. Die variierenden Blendarkaturen weisen auf die Gliederung des Inneren: die Krypta und den zweigeschossigen Wandaufbau der Apsis. Ende 1190 überführte man die Reliquien des hl. Gereon und seiner Gefährten in die neugeschaffene Confessio. 1219–1227 erfolgte die Umwandlung des antiken Ovalbaus zum Zehneck. Man ging mit dem antiken Bau um wie mit einer wertvollen Reliquie, die in ein kostbares Reliquiar geborgen wird. Der Zehneckbau, das Dekagon, erreicht eine Höhe von 48 m. Durch das Maßwerkfenstergeschoß mit Plattenfries und Zwerggalerie wurde der Zentralbau über den des Chores hinausgehoben. Das Dekagon antwortet den Flankentürmen des Chores. Die antiken Zwillings- und Drillingssäulen vor den Zungenmauern der Konchen innerhalb des Ovalbaus ersetzte man durch zu dritt gebündelte Dienste. Wie schon bei der Chorfassade, überraschen uns auch jetzt im Dekagon die vielfältigen Formen. Die Gestaltung der Maßwerkfenster zeigt, daß sich die rheinischen Baumeister der Formensprache der französischen Frühgotik, wenn auch in einer sehr persönlichen Weise, zu bedienen wußten. Der im Westen und Osten unverändert gelassene Nischenkranz des antiken Ovalbaus ist gegen den Mittelraum weit geöffnet. Das darüberliegende Emporengeschoß wird von teils zwei-, teils dreiteiligen Arkaden untergliedert. Die Rückwand der einen Laufgang einschließenden Spitzbogenfolge im dritten Geschoß ist mit sogenannten Fächerfenstern, die des vierten Geschosses mit hohen Maßwerkfenstern geöffnet.

Das Strebebogensystem markiert kräftig die Zehneckform. Mit dem vierten Geschoß, das attikaartig von der Zwerggalerie gekrönt wird, tritt die Kernform des Zentralbaus aus dem Strebebogengitter rein hervor. Gerade damit ist nun das Gleichgewicht zum östlichen Turmpaar hergestellt.

Wenig später als das Dekagon erbaute man die südliche Taufkapelle. Um 1315 errichtete Dombaumeister Johannes den südlichen

Blick von Südwesten auf das Dekagon. Der Einfluß der französischen Kathedralbauten ist unverkennbar.

View from the southwest to the decagon. The influence of French cathedral building is unmistakable.

Décasgone vu depuis le Sud-Ouest. Influence manifeste des cathédrales françaises.

Sakristeiflügel. Gegen Ende des 14. Jhs. erhielt der Langchor neue Gewölbe und Fenster. Anläßlich der Barockisierung 1766/1767 wurde der Lettner abgebrochen. Im 19. Jh. erfolgte eine Ausmalung nach Entwürfen von August Ottomar von Essenwein.

Die Luftangriffe des Zweiten Weltkriegs fügten St. Gereon schwerste Schäden zu. 1942 verbrannte ein Großteil der Ausstattung, darunter das Chorgestühl des 14. Jhs., aber auch die für die Repräsentation der Märtyrer so wichtigen Reliquienschreine im Chor. Noch 1944 riß ein Bombenwurf die Nordwestseite des Dekagons auf. Der Wiederaufbau beanspruchte vier Jahrzehnte. Unvergeßlich sind die Verdienste des damaligen Stadtdechanten Robert Grosche. Ihm ging es nicht nur um die äußere Wiederherstellung der Kirche, er wollte sie auch zu einem geistlichen Zentrum machen. 1952 führte er nach französischem Vorbild erstmals in St. Gereon den Aschermittwoch der Künstler ein. Bereits 1949 wurde die Krypta nach ihrer Wiedereinrichtung eingeweiht, 1956 der Langchor wiedereröffnet. 1964 wurde die Taufkapelle restauriert. Bei der Wiederherstellung erhielt die Decke des Dekagons 1979 eine neue Fassung. Auf rotem Grundton werden goldene Zungen sichtbar. Dabei folgte man einer Anregung von Wilhelm Nyssen: »Im Rot der Zeugenschaft leuchten die Flammengarben des Pfingstgeistes auf, der jedes Martyrium in der Kirche bewirkt.« Diesem Grundgedanken entsprechen auch die Glasfenster. Die des Obergaden wurden 1981 nach Entwürfen von Georg Meistermann angefertigt. Die Lanzettfenster auf der Ostseite über dem Eingang zum Langchor zeigen Christus, jedoch nicht als Weltenrichter, sondern als das apokalyptische Lamm, verehrt von Maria und Johannes. Die Lanzettfenster auf der Westseite schildern die Himmelfahrt Christi, die Aussendung des Heiligen Geistes und das Reich des Todes. Die übrigen Lanzettfenster haben Apostel und Propheten zum Gegenstand. In den darunterliegenden Fächerfenstern sind die apokalyptischen Wesen und die Evangelistensymbole zu entdecken. Die Emporenfenster darunter wurden nach Entwürfen von Wilhelm Buschulte gestaltet. Sie zeigen Heilige, im Nordwesten im Uhrzeigersinn beginnend: Petrus Canisius, Heribert, Albertus Magnus, Josef, Maria, Ursula, Hildegard von Bingen, Adelheid von Vilich. Links neben dem Eingang steht in einer Nische als einziger Rest der ehemals 21 antiken Wandsäulen die sogenannte Blutsäule. Der Legende zufolge soll sie einst an der Stelle gestanden haben, an der Gereon und seine Gefährten das Martyrium erlitten. Im Mittelalter galt sie als »Schwursäule«, die Gut und Böse zu unterscheiden wußte. Als

Kopf eines Propheten – Freskofragment des frühen 12. Jhs., heute im Schnütgen-Museum. Die Darstellung ist in Qualität und farblichem Erhaltungszustand einzigartig.

Head of a prophet. Fragment of an early 12th century fresco now in the Schnütgen Museum. Unique for its quality and well-preserved colours.

Visage de prophète – fragment d'une fresque du début du XIIe siècle, actuellement au Schnütgen-Museum. La qualité et l'état de conservation des couleurs sont excellents.

Der Blick ins Innere des Dekagons bietet einen überwältigenden Eindruck. Über dem Chor die Glasfenster von Georg Meistermann, darunter der barocke Hochaltar des J. F. van Helmont.

The inside view of the decagon leaves an overwhelming impression. Above the choir the glass windows of Georg Meistermann, below, the baroque high altar of J. F. van Helmont.

La vision de l'intérieur du décagone est grandiose. Les fenêtres au-dessus du chœur sont de Georg Meistermann, en-dessous, le maître-autel baroque est de J. F. van Helmont.

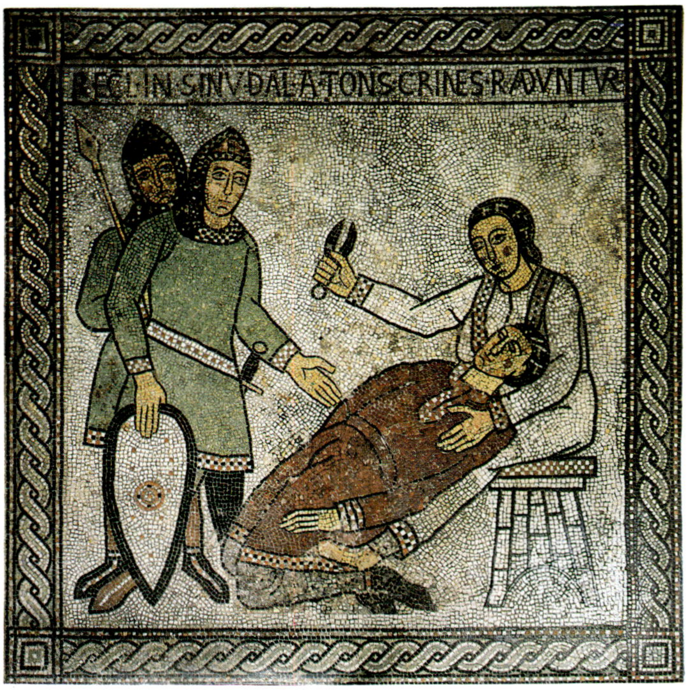

Mosaik der Krypta, Dalila schert das Haupthaar Samsons. Eine der zwölf Szenen der Samson- und Davidgeschichte nach italienischen Vorbildern.

Mosaic in the crypt. Delilah cuts Samson's hair; one of the twelve scenes from the Samson and David story. Based on an Italian model.

Mosaïque de la crypte. Dalila tondant la chevelure de Samson. Une des douze scènes du récit de Samson et David inspirées de modèles italiens.

der Merowingerkönig Theuderich sich nach dem Sieg über seinen Bruder – nach dessen Ermordung - huldigen ließ, soll er plötzlich einen Schmerz wie von einem Stich in seiner Seite verspürt haben. Er sank tot um. Von der Säule war das Gottesurteil über ihn ergangen. Auch in späteren Jahrhunderten war man der Überzeugung, daß diese Schwursäule Übeltäter zu entlarven und zu strafen vermochte.

Aus St. Maria ad Gradus stammt die liebreizende Mondsichelmadonna (zweite Hälfte des 14. Jhs.), die an einem Pfeiler des Dekagons Aufstellung fand. Von den Altären, die bis zum Zweiten Weltkrieg in den Nischen des Dekagons standen, blieb nur das Altarbild des Sebastianus-Altares erhalten, das rechtzeitig vor den Bomben in Sicherheit gebracht worden ist. Das heute im Hochchor auf der rechten Seite befindliche Altarbild dokumentiert prunkvoll und großartig das Selbstverständnis Kölns als einer durch die Fürbitte der Heiligen beschützten Stadt. Das eigentliche Thema ist die Verherrlichung der Dreifaltigkeit durch Sebastian und Heilige der Stadt Köln, um 1635 von Johann Hulsmann gemalt. Der Stifter wollte damit für die Bewahrung Kölns vor den Schweden 1632 danken. Die Scharen der Thebäer durften da nicht fehlen. Der hl. Anno zeigt Kaiserin Helena das mittelalterliche St. Gereon; die Stadtansicht stammt von Johann Toussyn (Abbildung Seite 5).

Die Reste des farbigen Mosaikfußbodens (um 1156), der bis zum 17. Jh. im Hochchor lag, wurden bereits im 19. Jh. unter der Regie von Toni Avenarius im neueren, östlichen Teil der Krypta verlegt. Erhalten blieben fünf Szenen aus dem Leben Samsons, darunter sein Sieg über den Löwen und seine Überlistung durch Dalila sowie sieben weitere Szenen, die dem Leben König Davids gewidmet sind. Kleinere Felder mit den Tierkreiszeichen runden das Mosaik ab. Ähnlich wie bei dem Freskenfragment im Dekagon sind auch in dem Samson-David-Zyklus italienische Vorbilder zu spüren. An der Grenze zwischen Dekagon und Hochchor steht heute der barocke Hochaltar, den Johann Franz van Helmont für St. Kolumba 1717–1719 angefertigt hat. Im Zentrum der Krypta steht der Kreuzigungsaltar aus Kalkstein (um 1540), reizvoll in seiner Mischung gotischer Grundformen mit Renaissanceelementen. Die von Alfred Manessier für die Krypta geschaffenen Glasgemälde sind nur scheinbar abstrakt, denn ihre Farben spielen auf das Martyrium der Soldatenheiligen an. Fresken aus dem 13. Jh. schmücken die Westwand der Krypta über der Doppelarkade, die den Blick auf die drei Märtyrersarkophage freigibt. Die Fresken stellen den hl. Gereon und die hl. Helena als Verehrer des Gekreuzigten dar. Als ein bedeutendes Kunstwerk des 19. Jhs. muß in der Vorhalle eine Pietàgruppe erwähnt werden, geschaffen von Johannes Reis in Anlehnung an die Pietà Michelangelos aus St. Peter in Rom. Die Umrahmung der Eingänge in die Vorhalle gestaltete am Ende der 20er Jahre unseres Jahrhunderts Lambert Schmithausen. Werner Schürmann schuf das

Die Kapelle im Eingangsbereich birgt eine Pietà von Johannes Reis aus dem Jahr 1897.

A pietà by Johannes Reis from 1897 in the chapel at the entrance.

La chapelle à l'entrée abrite une pietà due à Johannes Reis en 1897.

Thronender Christus in Mandorla, umgeben von den Evangelisten Markus mit Löwen und Lukas mit Stier. Reste der Wandmalerei auf der Chorapsis, um 1160.

Christ enthroned, to his right and left the evangelists Mark with the lion and Luke with the bull. The remains of a mural in the choir apse, c. 1160.

Chris tronant dans une mandorle, entouré des évangelistes Marc avec le lion et Luc avec le taureau. Restes des peintures murales sur l'abside du chœur, vers 1160.

Bronzetympanon über dem Eingang zur Krypta. Über dem ersten Strebepfeiler der Nordseite des Dekagons, der den im Krieg zerstörten ersetzt, erblicken wir die Friedenstaube von Theo Heiermann. Hingewiesen sei noch auf die Schätze der Sakristei, nicht zuletzt auf die Zeugnisse der Ausgrabungen nach dem Zweiten Weltkrieg, die die Geschichte und Frühgeschichte der Kirche dokumentieren.

Westlich der Kirche, auf dem Platz, der der Straße Gereonskloster vorgelagert ist, rekonstruierte man einen Teil des römischen Atriums. Über dem bei Ausgrabungen entdeckten römischen Fundament wurde eine niedrige Mauer errichtet, die zusammen mit einer Reihe originaler Pfeilerfragmente und Resten einer steinernen Regenrinne den nördlichen Teil des antiken Hofes wieder erkennbar macht. Aber auch die Fundamente mittelalterlicher Bauten, wie der vor 150 Jahren abgerissenen Cäcilien-Kapelle, hat man inzwischen wieder sichtbar gemacht. So ist in unmittelbarer Nähe von St. Gereon ein Rest der einstigen Bebauung wieder in Erinnerung gerufen.

# St. Kunibert

Der hl. Kunibert vom Schrein des 19. Jhs.
Figure of St. Kunibert from the 19th cent. shrine.
St Kunibert, reliquaire du XIX$^{e}$ siècle.

Kunibert entstammte dem moselländischen Adel und war Bischof von Köln (623–663). Er war Ratgeber des Merowingerkönigs Dagobert I. und Erzieher seines Sohnes Sigisbert III. Kunibert versuchte, von Utrecht aus die Friesen und von Soest aus die Sachsen zu missionieren. Im Norden, vor den Toren des römischen Kölns, stiftete er nahe beim Rhein eine Kirche, die er dem hl. Clemens, dem dritten Papst nach Petrus, weihte und die er sich zur Grablege wählte. Der hier begrabene Kunibert wird urkundlich 866 zum ersten Mal Heiliger genannt. Seine Verehrung überstrahlt das Patrozinium des hl. Clemens, und die Kirche erhält seinen Namen. Um 920 werden seine Gebeine erhoben. In der Säkularisation ging das äußere Gehäuse seines kostbaren Schreines verloren, der eigentliche Reliquienschrein blieb aber unverletzt. 1869 wurde eine würdige neue Außenhülle geschaffen.

Was wir aus dem Leben und der Legende des Heiligen wissen, verrät uns das Kunibertsfenster. Es ist mit den beiden anderen Glasfenstern im Chor vermutlich bereits zur Chorweihe 1226 entstanden. Die drei Fenster sind ein Hauptzeugnis der spätromanischen Glasmalerei der Rheinlande. Das Scheitelfenster zeigt die Wurzel Jesse. Aus der Gestalt Jesses wächst der Stammbaum Christi. Propheten, Heilige, Engel, Stifterbildnisse umspielen ihn. Eingebettet sind fünf christologische Szenen in Form von Medaillons. Ihre Themen lauten: Verkündigung, Geburt, Kreuzigung, Auferstehung und Himmelfahrt. Die Gaben des Heiligen Geistes erscheinen in Form von sieben Tauben. Darüber ist Gottvater selbst zu sehen. Auf der linken Seite wird das Leben des Papstes Clemens geschildert, auf der rechten Seite die Legende des hl. Kunibert. Im Bild unten liegt Kunibert als Page zu Füßen König Dagoberts. Ein Strahl göttlichen Lichtes fällt auf sein Haupt und deutet damit seine Berufung an. Das nächste Bild zeigt Kuniberts Abschied von König und Hof; das dritte seine Einsetzung als Bischof von Köln. Im vierten Bild erkennen wir eine weiße Taube, die Kunibert die Stelle des Grabes der hl. Ursula weist. Auf dem letzten Bild ist sein Sterben zu sehen und die Aufnahme seiner Seele in den Himmel.

Da die Vorgängerbauten leider völlig verschwunden sind, besitzt St. Kunibert einen für Köln ungewöhnlichen einheitlichen Charakter. Hier entstand der letzte romanische Kirchenbau im stadtkölnischen Bereich. Um 1210 wurde mit dem Neubau begonnen. Die Chorweihe fand 1226 statt. Erzbischof Konrad von Hochstaden beauftragte 1247 Bischof Arnold von Semgallen mit der Weihe der Kirche.

Um die Kirche auf dem zum Rhein hin abfallenden Gelände errichten zu können, war ein starker Unterbau notwendig. Er dient seither als Krypta. Eine Säule als Mittelstütze trägt deren Gewölbe. Westlich von der Krypta liegt der sogenannte ›Kunibertspütz‹ (Kunibertsbrunnen). Sein Wasser soll unfruchtbaren Müttern zu Kindersegen verhelfen.

Reich gestaltet ist die Chorfassade. Die Apsis ist nicht wie bei St. Gereon zwischen die Türme gespannt, sondern so ausgebaut, daß sie auch die seitlichen Rechtecktürme in ihren Schwung einbezieht. Wird ihr Untergeschoß durch Lisenen rhythmisiert, so ihr Obergeschoß von Säulen. Lisenen und Säulen gehen in Bögen über. Diese Verschmelzung der Vertikalen mit der Bogenform ist für den Bau von St. Kunibert charakteristisch. Im Gegensatz zu den älteren Kirchen verzichtet die Chorfassade von St. Kunibert auf einen Plattenfries. Vielmehr steht die Zwerggalerie direkt über dem Gesims. Über ihr erhebt sich das Kegeldach, darüber der Giebel mit seinen dreigestaffelten Nischen. Wie die Apsis, so sind auch die Türme durch ihren Formenreichtum ausgezeichnet.

Die enge Verbindung der Bauteile, die uns schon beim Betrachten der Chorfassade auffiel, begegnet uns auch im Inneren. Nur wenig ragen die Türme über die Seitenschiffe hinaus. Neuartig an ihnen ist, daß sich die beiden Untergeschosse zum kreuzrippengewölbten Chorjoch hin öffnen. Damit greifen die Türme die Funktion der Querkonchen der Dreiblattchöre auf. Sie sorgen für die Lichtfülle des Chores. Das Prinzip der Zweischaligkeit der Wand, das uns schon bei älteren Kirchen wie Groß St. Martin begegnet, wird im Chor von St. Kunibert noch ein Stück weiter getrieben; denn hier führt auch im Erdgeschoß ein Laufgang in Mauerstärke um die Apsis. In St. Kunibert wird noch einmal die ganze Differenziertheit und Feingliedrigkeit spätstaufischer Wandgliederungen erreicht.

Auf eine Vierung konnte verzichtet werden, da die Querkonchen fortfielen. Das Langhaus besteht aus drei nach der gebundenen Ordnung gewölbten Doppeljochen bei dreigeschossigem Aufbau der Mittelschiffwände. Betonte Vorlagenpfeiler wechseln mit unbetonten Rechteckpfeilern. Zwischen den hohen Rundbogenarkaden und den Lichtgadenfenstern ist ein Scheintriforium ausgespart. Mit Mittelschiff und zwei niedrigeren Seitenschif-

Das Westwerk und der Westturm wurden 1993 der Öffentlichkeit wieder zugänglich gemacht.

The westwork and the west tower were made accessible to the public again in 1993.

La tour et le massif occidentaux sont redevenus accessibles au public en 1993.

1226 entstand das Chorfenster, welches die ›Wurzel Jesse‹, den Stammbaum Christi, zeigt. Es ist ein Hauptwerk staufischer Glasmalerei im Rheinland.

The ›Tree of Jesse‹ window, showing the geneaology of Christ, was made in 1226. A masterpiece among the stained glass windows of the Rhine area.

La fenêtre du chœur remonte à 1226 et présente ›l'arbre de Jesse‹, arbre généalogique du Christ. Les vitraux sont un chef d'œuvre de l'art des Hohenstaufen en Rhénanie.

Blick von Westen in das Innere des Chors. Die Kunst der staufischen Wandgliederung erreicht hier ihre höchste Vollendung.

View from west into the interior choir. The walls demonstrate maximal abillity of decoration in the Staufer period.

Intérieur du chœur vu de l'ouest. Perfection dans l'art de la disposition des murs sous les Hohenstaufen.

fen hat das Langhaus von St. Kunibert die Form einer Basilika.

Als Kontrapunkt zu dem reichen Ostchor errichtete man über dem Westbau um die Mitte des 13. Jhs. einen mächtigen, jedoch auf ungünstigem Gelände fundierten Westturm. 1376 geriet er in Brand. Gegen Ende des 14. Jhs. wurde er wieder aufgebaut und bekam bei dieser Gelegenheit einen gotischen Knickhelm.

Entsprechende Helme erhielten auch die beiden östlichen Rechtecktürme. Auch nach einem abermaligen Brand 1666 hielt man an der Form des Knickhelms für den Westturm fest. Am 28. April 1830 stürzte der Westturm erneut ein. Beim Wiederaufbau verzichtete man auf die Vorhalle vor dem Portal, die St. Kunibert genau wie Groß St. Martin besessen hatte. Im Zweiten Weltkrieg gingen Westturm und Westbau wiederum zugrunde. Pläne zum Wiederaufbau auch des Westbaus und des Westturms wurden schon in der Mitte der 70er Jahre entwickelt, doch ihre Realisierung konnte erst zehn Jahre später in Angriff genommen werden. Erst 1993, genau 50 Jahre nach ihrer Zerstörung, waren auch Westbau und Westturm vollendet und konnten endgültig eingeweiht werden. Leo Hugot und nach dessen Tod Herbert Queck mit Statiker Otmar Schwab leiteten diesen Teil des Wiederaufbaus.

Blick in das Innere von St. Kunibert, hier zum Ostchor. Dort sind die mittelalterlichen Glasgemälde erhalten, in der Mitte die Wurzel Jesse.

View of the interior of St. Kunibert, looking towards the east choir where medieval stained-glass windows are preserved; in the centre, the Tree of Jesse.

Vue intérieure de St Kunibert orientée vers le chœur Est. Il abrite des vitraux moyenâgeux avec, au centre, l'arbre de Jesse.

Prunkstück später Gotik ist die überlebensgroße Verkündigungsgruppe an den westlichen Vierungspfeilern, 1439 vermutlich vom Kölner Dombaumeister Konrad Kuyn geschaffen.

A late Gothic masterpiece is the larger than life annunciation scene on the western pillars of the crossing, probably by the cathedral architect Konrad Kuyn, 1439.

Trésor du gothique tardif: figures géantes de l'Annonciation, piliers de la travée du chœur ouest. Probablement dues à Konrad Kuyn, maître d'œuvre de la cathédrale de Cologne, 1439.

Mit Rücksicht auf die problematische Statik verzichtete man auf die Wiederherstellung des gotischen Knickhelms und entschied sich für einen niedrigen Helm, wie er von 1400 bis 1828 den Turm gekrönt hatte.

Außer den bereits erwähnten Glasfenstern enthält St. Kunibert Wandmalereien aus dem 13. Jh. Noch aus der Erbauungszeit stammt eine Kreuzigung mit Ecclesia und Synagoga. Sie findet sich in der nördlichen Apsisnische. Das südliche Querhaus enthält in der Quernische, die heute als Taufkapelle genutzt wird, das Fresko einer Kreuzigungsgruppe aus der Zeit um 1260/1270. Sie zeichnet sich durch ihre expressive, stark bewegte Formensprache aus. Noch an ihrer ursprünglichen Stelle, am Ende des einstigen Chorgestühls der Stiftsherrn, steht eine überlebensgroße Verkündigungsgruppe. Durch Stifterbildnis und Inschrift ist sie genau datiert. Der Kanoniker Hermann von Arka stiftete sie 1439. Die beiden Sandsteinfiguren sind mit Werken der Dombauhütte verwandt. Sie gehören zu den großartigen Zeugnissen der deutschen Kunst im Herbst des Mittelalters. Vor der Gottesmutter Maria kniet als kleine Figur der Stifter. Liebreizend sind die kleinen Engel an der Konsole der Marienstatue. Maria und der Erzengel Gabriel besitzen Überlebensgröße. Beide Gestalten haben eine außerordentliche seelische Feinheit. Realismus und Symbolismus gehen ein Bündnis ein. Aus dem späten 15. Jh. ist als Tafelmalerei vor allem eine Gregorsmesse zu nennen. Hervorzuheben ist auch das Stifterbild von Barthel Bruyn d. Ä. mit der Auferstehung Christi in der Mitte. Doch sollte man auch die Werke unserer Zeit nicht übersehen. Genannt seien die hölzernen Eingangstüren der Nordseite mit ihren Reliefs, ein Werk von Elmar Hillebrand (1955) und das große Bronzeportal mit Tympanon von Toni Zenz im Westen der Kirche (1992). Anstelle der verlorengegangenen Ausmalung des 19. Jhs. ist die zurückhaltende farbige Fassung der Profile, Bögen und Rippen getreten, die Hans Heider in den frühen 50er Jahren geschaffen hat.

# St. Maria im Kapitol

Plektrudis mit dem Modell der Kirche St. Maria im Kapitol, um 1280.
Plektrudis with the church model, St. Maria im Kapitol, c.1280.
Plektrudis tenant le modèle de l'église St Maria im Kapitol, environs de 1280.

Auf dem südlichen Hügel des ältesten Stadtkerns – gegenüber dem Domhügel im Norden – erhebt sich die Kirche St. Maria im Kapitol. Der Name taucht in dieser Form erst seit dem 12. Jh. auf, aber Ausgrabungen der Nachkriegszeit zeigen, daß die Kirche über dem römischen Staatstempel für die kapitolinische Trias Jupiter, Juno und Minerva erbaut wurde. Das Kölner Kapitol entspricht dem Kapitolstempel in Rom. Es muß in die Mitte des 1. Jhs. datiert werden. Wie beim römischen Kapitol eine Marienkirche entstand – S. Maria in Aracoeli –, so trat an die Stelle des Kölner Kapitols ebenfalls eine Marienkirche. Die Kölner Königschronik nennt um 1217 Plektrudis als Stifterin dieser Kirche. Plektrudis war die Gemahlin Pippins des Mittleren († 714). Gemeinsam mit ihm gründete sie zahlreiche Kirchen und Klöster. Nach dem Tod ihres Gemahls übernahm sie die Regentschaft. Doch zwang sie ihr Stiefsohn, Karl Martell, ihm 717 die Macht zu überlassen. Über ihre letzten Lebensjahre schweigen die Quellen, ihr Todestag ist der 10. August 725. Der (zweifelhaften) Überlieferung nach starb sie in dem von ihr gegründeten Damenstift bei St. Maria im Kapitol in Köln.

In der von ihr gestifteten Kirche fand sie ihr Grab. Die Grabplatte aus Kalkstein stammt freilich aus sehr viel späterer Zeit, um 1180–1190. Über dem Haupt der Grabfigur ist die Inschrift zu lesen: »S. Plektrudis Regina.« In ihrer Hand hält die Stifterin ein Spruchband, dessen Text in Übersetzung lautet: »Herr, ich liebe die Zierde Deines Hauses« (Ps. 25,8). Der Blick der großen Augen und die Betgebärde der Rechten verleihen der Gestalt der Plektrudis eine stille Hoheit. Noch ein zweites Mal findet sich das Bildnis der Stifterin in der Kirche, nämlich in einem Epitaph aus dem letzten Drittel des 13. Jhs. Das Modell des Kirchenbaus des 12. Jhs., das Plektrudis in ihrer Linken trägt, weist sie als Stifterin der Kirche aus. Es scheint darauf hinzuweisen, daß zunächst die salische Dreikonchenanlage durch einen mächtigen Vierungsturm überhöht werden sollte.

Von dem Bau, den sie errichten ließ, ist freilich nichts mehr erhalten. Nur einige schlichte Grabsteine mit einfachen Kreuzen stammen noch aus merowingischer Zeit. Die älteste Kirche ging wohl im Normannensturm 881 zugrunde. An ihre Stelle trat ein ottonischer Bau. In der Folgezeit wird diese Kirche als Neumünster bezeichnet. Die Initiative zum salischen Um- und Ausbau ging anscheinend auf die Äbtissin Ida zurück. Dieser Bau des 11. Jhs. darf als eine Schöpfung von epochaler Wirkung bezeichnet werden. Für dieses Jahrhundert war die Grundrißgestaltung eines kleeblattförmigen Chores mit Umgängen einzigartig. Als einheitliche Schöpfung kurz nach der Jahrtausendwende ist St. Maria im Kapitol eine der bedeutendsten Kirchenbauten des Westens überhaupt.

Wahrscheinlich ist, daß den Architekten die aus justianischer Zeit stammende Dreikonchenanlage der Geburtskirche in Bethlehem als Vorbild diente. Nicht von ungefähr kann es kommen, daß der Kölner Erzbischof seit alters her dem Brauch folgte, die erste Weihnachtsmesse nicht im Dom, sondern in St. Maria im Kapitol zu feiern (die zweite in St. Caecilien, die dritte im Dom). Die Bedeutung der Kirche wird uns vollends bewußt, wenn wir uns erinnern, daß in ihrem Westturm die Sturmglocke der Stadt hing. Bereits 1047 hat Papst Leo IX., ein Freund des Salierkaisers Heinrich III., den Kreuzaltar im Langhaus eingeweiht. Die übrigen Altäre vor allem im Chor und in der Krypta weihte 1065 Erzbischof Anno II.

Spätere Umbauten haben wenig an dem Grundplan geändert. In der Mitte des 12. Jhs. wurden die drei Obergaden des Kleeblattchores neu gebaut. Die Umfassungswand des östlichen Konchenumgangs mußte verstärkt werden. Gleichzeitig hat man an den Querkonchen eine nördliche und südliche Vorhalle sowie den westlichen Kreuzgang errichtet. Anfang des 13. Jhs. wurde die Ostapsis noch einmal – nun in spätstaufischen Formen – umgestaltet, gleichzeitig erhielt das querrechteckige Chorjoch eine Hängekuppel. Bei der Wiederherstellung der Apsis nach ihrem Einsturz 1948 verzichtete man auf die Rekonstruktion der staufischen Bauformen, glich sie vielmehr dem ursprünglichen salischen Erscheinungsbild an. Gegenüber der anfänglich dominierenden Tendenz zur Zentralisierung, wie sie durch die Dreikonchenanlage bestimmt wird, setzte sich mit der Einwölbung des Mittelschiffes um 1240 eine entgegengesetzte Tendenz durch, die die Längsrichtung betont. Die spätgotischen Anbauten der Hardenrath- und Hirtzkapelle entstanden 1466 und 1493 in den Zwickeln des Kleeblattchores. Danach wurde die Sakristei im Nordosten der Kirche errichtet. Der westliche Mittelturm stürzte 1637 ein. Seither diente der Turm der Pfarrkirche Klein St. Martin als Glockenturm für St. Maria im Kapitol. Diesem Umstand verdankt er übrigens seine Erhaltung. Die Pfarrkirche Klein St. Martin wurde abgebrochen, als die Pfarrei nach der Aufhebung des Stiftes die Kirche St. Maria im Kapitol übernahm.

Der Kleeblattchor von St. Maria im Kapitol erforderte bei dem nach Osten hin abschüssigen Gelände einen mächtigen Unterbau, der zur Schaffung einer Krypta genützt wurde. Das Besondere dieser Krypta ist, daß ihr oberer Abschluß sich nicht über das Langhaus erhebt, sondern mit diesem eine einzige Ebene bildet. Die Krypta ist ein hervorragendes Beispiel salischer Architektur. Sie steht in unmittelbarer Nachfolge der Krypta des Kaiserdoms zu Speyer, der größten deutschen Krypta überhaupt. Sie besteht aus einem dreischiffigen Hauptraum mit fünf Jochen und drei anschließenden Kapellen sowie zwei querschiffartig durch Arkaden verbundenen quadratischen Nebenräumen über Mittelpfeilern mit Altarnischen. Im 13. Jh. wurde sie nachweislich als Taufkapelle genutzt.

Die zahlreichen Umbauten erklären sich nicht zuletzt daraus, daß die Fundamente unzureichend waren. Daher war die Statik der Kirche gefährdet. Diese Probleme sind durch die Kriegsschäden noch verschärft worden. Bomben rissen sogar die Decke zur Krypta auf. Noch 1948 stürzte die ungesicherte Ostkonche ein, eine Spätfolge des Zweiten Weltkrieges. Der Wiederaufbau war mühevoll. 1951 konnte die Krypta wiederhergestellt werden, 1956 folgte das Langhaus. In den 70er Jahren wurde der Trikonchos entsprechend den Wiederaufbauplänen, wie sie 1954/1955 beschlossen waren, wiederhergestellt. Bis zur vollen Ausstattung sollte es aber noch Jahre dauern. Erst 1984 fiel die Trennwand zwischen Trikonchos und Langhaus. 1984 war tatsächlich der Wiederaufbau im wesentlichen vollendet. Heiligabend, zur Eröffnung des romanischen Jahrs in Köln, hielt der damalige Kardinal Höffner die erste der drei Weihnachtsmessen in der in voller Schönheit wiedererstandenen Kirche St. Maria im Kapitol.

Befriedigt die Außenansicht der Rekonstruktion der Dreickonchenanlage nicht gänz-

Grabstein der Plektrudis, um 1180. Die Inschrift des Spruchbandes: »Herr, ich liebe die Zierde deines Hauses« weist sie als Stifterin der Kirche aus.

Tombstone of Plektrudis, c. 1180. The inscription on her scroll »Lord, I love the beauty of Your house« shows she is the founder of the church.

Dalle funéraire de Plektrudis, vers 1180. L'inscription sur la banderole: »Seigneur, j'aime la parure de ta Maison« indique qu'elle est la fondatrice de l'église.

Süddeutschen Einfluß verrät die liebreizende, reichbemalte sog. ›Limburger Madonna‹, um 1300. Sie hält in der Rechten einen Apfel und schultert mit der Linken ihr Kind.

Attractive and colourful, the so-called Limburger Madonna, c.1300, reveals South German influence. She holds an apple in her right hand and her child on her left arm.

Attrayante et colorée, la ›Madone de Limburg‹ d'influence sud-allemande tient une pomme dans la main droite et pose de la main gauche son enfant sur l'épaule. Vers 1300.

Urtümlich streng wirkt die Steinfigur der sitzenden Madonna mit Kind, um 1200. Sie war für die Außenseite der Kirche geschaffen und auf Fernwirkung berechnet.

Severity characterizes the stone figure of the seated Madonna with Child, c. 1200, originally intended for the outside of the church and meant to be looked at from a distance.

La statue de pierre de la Madone assise avec son enfant est d'une sévérité originelle, environs de 1200. Réalisée pour l'ex-térieur de l'église, elle devait être visible de loin.

Die ihr Kind liebkosende Muttergottes, Ende des 12. Jhs. Der Legende nach hat sie der hl. Hermann Josef, der auf seinem Schulweg täglich an der Kirche vorbeikam, verehrt.

Madonna, caressing Child in arm, c. 1190, worshipped by St. Hermann Joseph on his way to school every day.

Vierge-Marie caressant son enfant, fin du XII$^{e}$ siècle. Selon la légende, St Hermann Joseph l'aurait vénérée tous les jours sur le chemin de l'école en passant devant l'église.

Die nach Entwürfen von Maria Schwarz gestaltete Orgel über dem Lettner wurde als eines der jüngsten Ausstattungsstücke 1992 eingebracht.

One of the most recent equipment pieces is the organ, built after plans by Maria Schwarz. It was installed over the rood screen in 1992.

L'orgue construit sur le jubé d'après un concept de Maria Schwarz constitue l'une des très récentes acquisitions 1992.

lich, so ist die des Inneren um so mehr zu preisen. Der alte Eindruck wurde zurückgewonnen. Zurückgekehrt sind auch die Maßwerkchorschranken mit ihrem steinernen Gitterwerk, die Johann Hardenrath und Sibilla Schlössgin 1464 stifteten. Den Fußboden gestaltete Elmar Hillebrand neu. Den Kleeblattchor schließt zum Langhaus hin der Lettner ab. Gestiftet wurde er von den Brüdern Georg und Nikasius Hakeney. Die Entwürfe lieferte Jan van Roome aus Mechelen. Vollendet wurde der Lettner 1523 und zwei Jahre später aufgestellt. Neben Heiligen und Prophetenfiguren sieht man biblische Szenen: die Begegnung Abrahams mit Melchisedech, den Mannaregen, Mariae Verkündigung, die Geburt Jesu und die Anbetung der Heiligen Drei Könige, die Beschneidung, das Abendmahl und das Gebet am Ölberg. Reizvoll ist der Kontrast zwischen dem weißen Kalkstein für die Skulpturen und Ornamente und dem schwarzen belgischen Marmor für die Architekturteile des Lettners. Mit ihm hält die Renaissance ihren Einzug in Köln. Nach seiner Wiederaufstellung wurde der Lettner auf eine Stufe gestellt, etwas höher als er ursprünglich stand. Die dadurch bedingte Verschiebung wird optisch durch die Konstruktion der Orgel ausgeglichen, die nach Plänen von Maria Schwarz erbaut und 1992 aufgestellt wurde.

Kontrapunkt zum Lettner ist das salische Westwerk. Mit ihm folgte die Äbtissin Ida dem Aachener Vorbild. Das Westwerk ist somit Ausdruck des imperialen Charakters der Stiftskirche St. Maria im Kapitol. Einfacher ist das Langhaus gehalten. An die Stelle des im Zweiten Weltkrieg zerstörten Gewölbes trat eine hölzerne Flachdecke.

Eine Besonderheit der Kirche war, daß der Eingang für Nichtstiftsangehörige von der nördlichen Vorhalle in der Nordkonche erfolgte. Hier zogen auch die Ratsherrn ein, denn St. Maria im Kapitol war im Mittelalter geradezu die »Stadtkirche«: Hier wurde die Hl. Messe aus Anlaß der Amtseinführung oder des Todes eines Bürgermeisters gefeiert. Hier waren auch der ursprüngliche Platz der Holztüren, die die weltweit einzigen erhaltenen aus dem Mittelalter sind. Sie folgen in der Anord-

Erschreckend in seiner Darstellung eines gemarterten Körpers ist der ›Gabelkruzifixus‹ von 1304. Hier fand der Beter Antwort auf sein Leid, nahm Anteil an der Qual seines Erlösers.

Frightening in its depiction of a martyred body, the ›Fork Crucifix‹ of 1304 gives supplicants an answer for their own sorrows: sympathy with their Saviour's agony.

Horrible dans sa représentation d'un corps martyrisé: ›Le crucifix en fourche‹, 1304. Ceux qui priaient obtenaient réponse à leur souffrance et partageaient le supplice de leur Sauveur.

Einzigartig sind die beiden Holztüren, zweites Viertel des 11. Jhs., mit ihren Schnitzereien. Der linke Türflügel schildert Kindheit und Jugend, der rechte die Leidensgeschichte Christi.

Absolutely unique are the wings of the wooden door, second quarter of 11th cent. Their reliefs tell us the events of Christ's childhood, youth and passion.

De par leurs sculptures, les deux portes en bois du second quart du XIe siècle sont uniques. Le battant gauche décrit l'enfance et la jeunesse, le battant droit, la Passion du Christ.

Glanzstück unter den Stiftungen ist der 1525 aufgestellte Lettner – ein Werk der Frührenaissance. Neben Heiligen und Propheten stehen Szenen des Alten und Neuen Testaments.

Highlight of the donations is the early Renaissance rood screen put there in 1525. Along with saints and prophets, the screen depicts scenes from the Old and New Testament.

Don remarquable, le jubé installé en 1525, début Renaissance. En plus des saints et des prophètes, des scènes tirées de l'Ancien et du Nouveau Testament y sont évoquées.

nung von Rahmen und Reliefs altchristlichen Vorbildern. Auf dem linken Türflügel ist die Jugendgeschichte Christi dargestellt: Verkündigung, Heimsuchung, Hirten auf dem Feld, Geburt, die Heiligen Drei Könige vor Herodes, Anbetung, Warnung Josefs durch den Engel im Traum, Flucht nach Ägypten, die Nachricht vom Wegzug der Heiligen Drei Könige, Aussendung von Boten des Herodes, Aussendung von Kriegern, Bethlehemitischer Kindermord, Darbringung im Tempel, Taufe Christi. Angestückt sind die erste und zweite Versuchung Christi. Der rechte Flügel enthält die Leidensgeschichte: Einzug in Jerusalem, Heilung des Blinden, Auferweckung des Lazarus, Jesus am Ölberg, Einsetzung Petri, letztes Abendmahl, Himmelfahrt, Kreuzigung, Frauen am Grabe, Pfingsten und wieder angestückt die dritte Versuchung sowie die Engel, die zu Christus treten, um ihm zu dienen. Aus dieser einfachen Aufzählung ergibt sich, daß die chronologische Ordnung teilweise umgestellt ist. Einzeldarstellungen und Doppelszenen wechseln miteinander ab. Auffällig ist auch, daß auf Szenen, die wie Kultbilder wirken, solche mit mehr erzählendem Charakter folgen. Möglicherweise erklärt sich das daraus, daß zwei Künstler an den Holztüren gearbeitet haben. Die Formensprache der Schnitzerei verrät die Abhängigkeit von kleinfigurigen Elfenbeinen, wie sie um die Jahrtausendwende an der Maas entstanden sind. Wenigstens Reste der ursprünglichen Farbigkeit konnten sichtbar gemacht werden.

In einer Kirche wie St. Maria im Kapitol kann es nicht überraschen, daß wir immer wieder dem Bild der Gottesmutter begegnen. Fast befremdlich wirkt die thronende Marienfigur mit dem Kind (um 1200), die aus einem mächtigen Kalksteinblock gearbeitet wurde. Auffällig ist ihr Blick aus den einst eingesetzten Achataugen. Er verleiht dieser Figur etwas Urtümliches. Dem Ende des 12. Jhs. gehört die fast ein Meter hohe Steinfigur der Muttergottes an, die den mit einem langen Gewand bekleideten Jesusknaben mit der Linken hält. Die liebkosende Gebärde gibt der Figur ihre Anmut. Der Legende nach hat der hl. Hermann Josef gerade dieses Marienbild auf seinem täglichen Schulweg verehrt. Aus dem Kloster Limburg an der Hardt stammt eine Marienfigur aus der Zeit um 1300. Die Maria als Fürbitterin, zugleich mit dem Christus als Salvator 1466 für die Hardenrathkapelle angefertigt, entstammt dem Umkreis des Nikolaus Gerhaert. Aus dem Umkreis des Hans Baldung Grien kommt das Gemälde eines Marientodes. Vielleicht hat es einer seiner Mitarbeiter geschaffen. Auf der Rückseite dieses Tafelbildes von 1521 ist der Abschied der Apo-

Johannes Hardenrath und seine Frau stifteten 1466 die bis heute nach ihm benannte Salvator-Kapelle sowie die Sängertribüne.

The Majesty chapel and the choir gallery were donated by Johannes Hardenrath and his wife in 1466 and are still named after him.

En 1466, Johannes Hardenrath fit don, avec son épouse, de la tribune des chanteurs ainsi que la chapelle du Salvator. Ce nom qu'il lui attribua est depuis toujours resté.

stel zu sehen. Besonders hervorgehoben werden muß der ergreifende Gabelkruzifixus. Eine alte, heute leider verlorene Inschrift bezeugt seine Weihe 1304. Blutüberströmt und in Todesqualen verkrampft, hängt der ausgezehrte Leib Christi am Holz des Kreuzes. Dieser Kruzifixus ist der früheste einer Gruppe von Astkreuzen im Rheinland. Er ist vom Geist der Mystik inspiriert. Mit seinem schonungslosen Naturalismus erweckt er Anteilnahme am Leiden Christi. Von weiteren Bildwerken sei wenigstens die Gruppe der Grablegung erwähnt, die dem frühen 16. Jh. angehört. Zu Füßen Christi kniet der Stifter, vermutlich Heinrich v. Berchem. Zum Gedenken an die Opfer des Zweiten Weltkriegs schuf

Nach der Speyrer Krypta ist die von St. Maria im Kapitol die bedeutendste und größte der salischen Kryptenanlagen.

The crypt in St. Maria im Kapitol is the largest and most important Salian crypt construction after the one in the Speyrer cathedral.

Après celle de Spire, la crypte de St. Maria im Kapitol est la plus importante et la plus grande crypte salienne.

Gerhard Marcks das Standbild der Trauernden, das auf dem ›Lichhof‹ nördlich neben der Ostapsis steht. Der Name Lichhof erinnert an den einstigen Friedhof des Stiftes. Zu ihm führt im Süden das Dreikönigenpförtchen, der einzige an Ort und Stelle erhaltene Eingang zu einem zum Stift zugehörigen Immunitätsbezirk. Der Überlieferung zufolge wurden die Gebeine der Heiligen Drei Könige durch eben diese Pforte zunächst in die Stadt Köln überführt. Die Originale der gotischen Skulpturen, einer Darstellung der Anbetung des Jesuskindes durch die Heiligen Drei Könige, befinden sich heute wegen Zersetzungsgefahr im Schnütgen-Museum. An Ort und Stelle hat man sie durch Kopien ersetzt. Das Singemeisterhäuschen, einst für den Kantor, den Dirigenten der Musikantengruppe bestimmt, die auf der Empore der Hardenrath-Kapelle ihren Platz hatte, hat man in den 70er Jahren so rekonstruiert, daß der alte, ursprüngliche Anblick wieder zurückgewonnen wurde.

Aus dem Kirchenschatz sei schließlich noch auf den herrlichen romanischen Tragaltar verwiesen, der um 1170 in der Werkstatt von St. Pantaleon entstanden ist.

Wenn wir uns heute an der Schönheit der wiedererstandenen Kirche freuen, dann müssen wir vor allem dem langjährigen Pfarrer Reinhard Angenendt (1907–1987) Dank sagen, der in der schlimmsten Kriegszeit St. Maria im Kapitol nicht im Stich ließ und unbeirrt an den Wiederaufbau glaubte. Als Jugendseelsorger hatte er während des Krieges die Deutsche Komplet an den Samstagabenden organisiert, die damals als Zeichen des Widerstandswillen gegen den Nationalsozialismus verstanden wurde.

# St. Maria Lyskirchen

Schiffermadonna, um 1420, heute im Eingangsbereich der Kirche.
The Boatmen's Madonna, about 1420, now in the entrance of the church.
Madone des bateliers, vers 1420, placée aujourd'hui dans l'entrée de l'église.

Schon in fränkischer Zeit gab es südlich der römischen Stadtmauern eine Fischervorstadt. Hochwassergefährdet trug sie den bezeichnenden Namen Noit(not)hausen. Um 1100 wurde sie zusammen mit der benachbarten, aber hochwassergeschützten Siedlung Oversberg Köln einverleibt. In einer Urkunde von 948 wird eine Marienkirche für diese Fischervorstadt erwähnt. Als Pfarrkirche war sie zuerst dem Stift St. Severin zugeordnet. Seit dem 12. Jh. wird diese Kirche St. Maria Lysolfi oder einfach Lysolfikirche genannt. Das kann nur bedeuten, daß sie ursprünglich die Eigenkirche eines Grundherrn namens Lysolf war. Erzbischof Anno II. teilte sie 1067 dem Stift St. Georg zu. Bis zur Säkularisation stellte dieses Stift regelmäßig den Pfarrer.

Die Ost- und Schauseite der Kirche ist dem Rhein zugewandt. Ihr vorgelagert ist das auf dem Unterbau der staufischen Stadtmauer im 18. Jh. errichtete Küsterhaus. St. Maria Lyskirchen wurde um 1220 als Emporenbasilika erbaut. Die Schaufront ist über einer Krypta errichtet worden. Von den beiden Türmen wurde nur der nördliche vollendet und mit einem Rautendach versehen. Am Nordturm gab es einst einen hübschen kleinen Chor. Auch waren die Fenster romanisch. Anfang des 16. Jhs. wurden sie durch gotisierende ersetzt. Um die Mitte des 17. Jhs. hat man in ähnlicher Weise die Fenster des Obergadens verändert. Die Westfassade, abgesehen vom Portal, ist eine Neuschöpfung aus der Restaurierungszeit nach 1868. Im Inneren halten sich der ursprüngliche Bestand und die späteren Veränderungen in etwa die Waage. Aber die ursprüngliche Raumordnung ist noch deutlich zu erkennen: Wir sehen ein hohes Mittelschiff mit bereits spitzbogigen, stark gebusten Rippengewölben und niedrige, gewölbte Seitenschiffe, über denen die Emporen liegen.

Der eigentliche Beitrag der Kirche St. Maria Lyskirchen zur romanischen Kunst in Köln liegt in ihrer einzigartigen Gewölbemalerei. Die Fresken dieser Kirche geben uns einen Einblick in die Entwicklung der rheinischen Monumentalmalerei zwischen 1230 und 1270; in ihrer Bedeutung und Einmaligkeit weisen sie jedoch weit über das Rheinland hinaus. Die zahlreichen Inschriften und Spruchbänder der Bilder lassen den Zyklus der Gewölbemalerei wie eine große Bilderbibel erscheinen, wobei sich Bild und Schrift ergänzen.

Über dem Westportal ist zu Ehren der Kirchenpatronin die Anbetung der Könige dargestellt. Maria thront feierlich mit dem Kind auf dem Schoß und dem Zepter in der Hand in der Mitte. Von links nahen die Heiligen Drei Könige, rechts stehen zwei Propheten. Als ältestes der Wandbilder ist es bereits bald nach Vollendung der Kirche entstanden. Im Stil ist es den Chorfenstern von St. Kunibert verwandt. In den Gewölben des Hauptschiffes stehen insgesamt zwölf Szenen des Alten Testaments auf der nördlichen Seite zwölf Szenen des Neuen Testaments auf der südlichen Seite gegenüber. Sie wurden um 1250 gemalt. Die Szenen sind typologisch aufeinander bezogen.

Es stehen einander gegenüber: Verheißung Isaaks und Verkündigung; Geburt Isaaks und Geburt Christi; Opferung Samuels im Tempel und Darstellung im Tempel; Das Bad des Naeman und Taufe Christi im Jordan; Moses mit dem Gesetz und Verklärung Christi; Salomons Einzug in Jerusalem und Christi Einzug in Jerusalem; Gastmahl des Ahasver und Abendmahl; Hiob im Unglück und Geißelung Christi; Die Eherne Schlange und Kreuzabnahme; Samson mit den Toren von Gaza und Christus in der Vorhölle; Himmelfahrt des Elias und Henoch und Himmelfahrt Christi; Elias und die Baalspriester und Pfingstfest.

Die Zeit des Alten Testamentes gilt als die des Gesetzes, die des Neuen Testamentes als die der Gnade. Im Ostgewölbe sind daher in der Scheitelzone die Halbfiguren von Lex (Gesetz) und Gratia (Gnade) zu erkennen. Im Westgewölbe sehen wir in der Scheitelzone die vier Kardinaltugenden, die Scheitelzone des Mittelgewölbes ist leer. Manche der Szenen sind durchaus eigenwillig und einzigartig konzipiert. So lesen wir auf den Gesetzestafeln nicht wie üblich die zehn Gebote, sondern das

St. Maria Lyskirchen. Chorturm und Apsis.
St. Maria Lyskirchen. View of the chancel tower and apse.
St. Maria Lyskirchen. Tour du chœur et abside.

Seite 64 / p. 64:
Detail aus dem Deckengewölbe.
Detail of the vault.
Détail de la voûte.

Seite 65 / p. 65:
Inmitten des von Wolfgang Reuter gestalteten Retabels des Hochaltars steht die Muttergottes mit Kind, erstes Viertel des 14. Jahrhunderts; Fenster von Hans Lünenborg. Links neben dem Hochaltar St. Nikolaus, rechts St. Maternus.

On the high altar, in the middle of the retable designed by Wolfgang Reuter, stands the Madonna with Child, dating from the first quarter of the 14th century; window by Hans Lünenborg. To the left of the high altar, St. Nikolaus; to the right, St. Maternus.

Au milieu du retable du maître-autel, créé par Wolfgang Reuter se trouve la madone avec l'enfant, datée du premier quart du XIVe siècle. Fenêtre par Hans Lünenborg. A coté du maître-autel à gauche St. Nikolaus, à droite St. Maternus.

EFFUNDAM SUPER VOS AQUA
VADO LAVARE ET PATIE

Gebot der Gottesliebe und der Nächstenliebe. Zu achten ist auch auf die Figuren in den Zwickeln: Propheten, die Königin von Saba und Bileam auf ihren Reittieren, Heilige, die Personifikationen von Ecclesia und – allerdings nicht ganz zweifelsfrei – Synagoga. Die Taufe Christi im Jordan zeigt Anklänge an die entsprechende Szene auf der Holztüre in St. Maria im Kapitol.

In einer Schifferkirche durfte die Legende des Schutzheiligen nicht fehlen! Der hl. Nikolaus begegnet uns in der südlichen Chorkapelle. Die Fresken des Nikolausgewölbes sind etwa um 1270 anzusetzen, 20 Jahre später als die Fresken des Hauptschiffes. Sie sind nicht nur der besterhaltene Teil der Deckengemälde von St. Maria Lyskirchen, sondern sie sprechen auch durch ihre frische Erzählweise den Betrachter am unmittelbarsten an: Nikolaus steht als Neugeborener aufrecht in der Badewanne; die Bischofsweihe; die Rettung Schiffbrüchiger; die Sterbeszene. Drei Szenen schildern eine für das Verhältnis der Kirche zu den Juden bezeichnende Geschichte: Ein Jude setzt ein Nikolausbild zum Wächter über seine Schätze ein. Doch während er schläft, bestehlen ihn drei Diebe. Der Jude gibt dem Nikolausbild die Schuld und schlägt es mit einer Rute. Die Diebe werden vom hl. Nikolaus entdeckt und müssen ihre Beute zurückgeben. Statt der Schlußszene, der Bekehrung des Juden, folgt das sogenannte Stratelatenwunder: Drei Generale Kaiser Konstantins sind unschuldig verurteilt. Sie werden durch Nikolaus gerettet.

Nicht weniger populär ist die Legende der hl. Katharina. Ihrem Leben ist ein Zyklus (um 1280) gewidmet, der in der nördlichen Chorkapelle zu sehen ist. Diese Szenen mußten allerdings stark ergänzt werden, weil sie nur noch in Resten erhalten waren. Die Rekonstruktion ergibt folgendes Geschehen: Katharina verweigert das Götzenopfer vor dem Kaiser; Disput mit den Philosophen von Alexandrien; Verbrennung der bekehrten Philosophen; Besuch Katharinas bei Faustina und Porphyrius; Zerstörung des Rades, auf dem sie getötet werden sollte; Katharinas Enthauptung und die Überführung ihres Leichnams durch Engel auf den Sinai. Alle Fresken von St. Maria Lyskirchen waren seit dem Barock übermalt. Erst bei der Restaurierung im 19. Jh. wurden sie wiederentdeckt.

Von der Ausstattung verdienen Erwähnung die Glasmalereien im nördlichen Seitenschiff, die zwischen 1520 und 1530 entstanden sind. Neben Szenen des Marienlebens zeigen sie die Heilige Helena mit dem Kreuz und St. Gereon in Ritterrüstung. Im südlichen Seitenschiff steht der achteckige Taufstein aus der zweite Hälfte des 13. Jhs. mit einem barocken Deckel. Eine zartgliedrige Madonna mit Kind, erstes Viertel des 14. Jhs., steht in dem von Wolfgang Reuter geschaffenen und 1990 aufgestellten Retabel des Hochaltars. Engel flankieren das Relief der Predella, das neben den Modell der Kirche St. Maria Lyskirchen links einen Kran, rechts ein Segelschiff zeigt. Engel sieht man aber auch auf den 1988 nach Entwürfen von Hans Lünenborg gestalteten Fenstern der Apsis. Überdies entdecken wir im nördlichen Fenster den hl. Bischof Maternus, den angeblichen Gründer dieser Kirche. Die folgenden Fensterbahnen zeigen weitere Bischöfe Kölns. Dem hl. Maternus als Bischof begegnen wir nochmals in einer barocken Statue rechts neben dem Hochaltar. Zusätzlich zur Mitra auf seinem Haupt trägt er noch zwei weitere Mitren auf einem Buch, das er mit seiner Linken hält. Der Überlieferung zufolge war er nämlich nicht nur Bischof von Köln, sondern auch von Trier und Tongern. Da der hl. Nikolaus von Myra seit dem Mittelalter als Patron der Seeleute gilt, durfte seine Gestalt ebenfalls nicht fehlen. Er ist in dem Bischof links neben dem Hochaltar zu erkennen. Beide Skulpturen stehen in der Nachfolge von Werken, die Jeremias Geisselbrunn für die Jesuitenkirche St. Mariae Himmelfahrt geschaffen hat.

Die sogenannte Schiffermadonna, eine Marienstatue des weichen Stils um 1420, stand bis 1868 in einer Nische der Außenwand der Kirche. Daran erinnert ein Fresko, das Peter Hecker schuf. Es befindet sich am Westende des nördlichen Seitenschiffes. Dort hat auch seit 1990 die Schiffermadonna ihre Aufstellung gefunden.

# Groß St. Martin

St. Martin, Säule vor der Nordseite der Kirche.
St. Martin, column in front of the northern side of the church.
St Martin, colonne devant le côté nord de l'église.

Zu den beliebtesten Heiligen des Frankenreiches gehörte Martin von Tours (316/317– 397). Als Sohn eines römischen Tribunen in Pavia erzogen, trat Martin 331 in die römische Armee ein. Vor den Toren von Amiens traf er auf einen frierenden Bettler, dem er die Hälfte seines Reitermantels schenkte. Der Bettler gab sich als Christus zu erkennen. Von diesem Erlebnis zutiefst bewegt, ließ sich Martin taufen, verließ den Militärdienst, gründete 361 in Liguge das erste Kloster Galliens. Das Volk rief ihn 371 auf den Bischofsstuhl von Tours. Auch als Bischof gab Martin die monastische Lebensweise nicht auf. Er stiftete 375 das Kloster Marmoutier. Aber über der Liebe zum klösterlichen Leben vernachlässigte er die Seelsorge nicht. Martin wurde schon bald nach seinem Tod im ganzen Frankenreich kirchlich gefeiert. Da in so vielen fränkischen Städten und Dörfern Kirchen zu seinen Ehren gebaut wurden, war es fast selbstverständlich, daß auch in Köln eine Martinskirche entstehen mußte. Genaugenommen gibt es sogar zwei Martinskirchen: die Pfarrkirche Klein St. Martin, die zum Stift St. Maria im Kapitol gehörte, und die Klosterkirche Groß St. Martin im Hafenviertel der Stadt Köln.

Groß St. Martin wurde auf den Fundamenten von römischen Speicherbauten aus der zweiten Hälfte des 2. Jhs. errichtet. Außer diesen wurden in der Nordkonche die Reste eines noch älteren Wasserbeckens entdeckt, das zu einer römischen Sportanlage gehörte. Die durch Ausgrabungen der 70er Jahre ermittelten römischen Fundamente sowie einige der später entstandenen Grundmauern sind in der neuen Kryptaanlage sichtbar gemacht.

Über die bescheidenen frühmittelalterlichen Anfänge führte die Bautätigkeit hinaus, die Erzbischof Bruno von Köln, der jüngere Bruder Ottos des Großen, entfaltete. Er errichtete hier ein Kanonikerstift. Noch vor der Jahrtausendwende lösten irische Mönche die Kanoniker ab. Zu Anfang des 12. Jhs. übernahm das Kloster Groß St. Martin die Gewohnheiten und Lebensformen der von der Benediktinerabtei Siegburg ausstrahlenden Reform. In der zweiten Hälfte des 12. Jhs. war die Bevölkerung im Hafenviertel Kölns so sehr angewachsen, daß die Gründung einer eigenen Pfarrei notwendig wurde. Sie trug den Namen St. Brigida und wurde der Abtei Groß St. Martin zugeordnet.

Nach dem Stadtbrand 1152, der auch die Abteikirche in Mitleidenschaft zog, wurde ein Neubau errichtet. Erzbischof Philipp von Heinsberg hat ihn am 1. Mai 1172 eingeweiht. Nach dem Vorbild von St. Maria im Kapitol erhielt nun auch Groß St. Martin einen Kleeblattchor von gut 25 m Durchmesser. Eine zweigeschossige Blendgliederung umkreist diesen Kleeblattchor. Unten sehen wir eine Pilastergliederung, darüber eine axial gestellte Bogenfolge auf Dreiviertelsäulen mit je drei arkadenfüllenden Fenstern. Zuoberst folgt ein Plattenfries, eine rhythmisierte Zwerggalerie, das Traufgesims auf Konsolen. Bis hierher gehört der gesamte Ostbau zu der 1172 geweihten Kirche. Im Jahr 1185 berichten die Jahrbücher der Prämonstratenser-Abtei Floreffe bei Namur von einem Brand, der Groß St. Martin heimsuchte. Wegen dieses Unglücks begann man dort die Baupläne noch einmal zu überdenken und änderte sie ab. Anstelle eines älteren achteckigen Vierungsturms baute man jetzt das gewaltige Massiv eines quadratischen Turms. Dieser war um 1220 vollendet. Begleitet wird er von vier Ecktürmchen. Sein hohes Glockengeschoß erhebt sich über einem ringsum laufenden Band aus Plattenfries und Blendbogengalerie. Es öffnet sich nach allen vier Seiten in je drei gekuppelten Biforien (Doppelfensteranlagen). Diese sind von einer Gliederung aus Lisenen und Rundbogenfries eingefaßt. Die gleiche Gliederung findet sich auch an den Ecktürmen. Die beiden Freigeschosse der Ecktrabanten wandeln die bereits angewandten Motive noch einmal ab. Sie enden in gegiebelten Faltdächern. Der Vierungsturm von Groß St. Martin ist in dieser plastischen Gestaltung einzigartig. Die Dachzone stellt sich uns freilich ganz anders als in spätstaufischer Zeit dar. 1378 brach nämlich erneut ein schlimmer Brand aus. Erst 1450–1460 wurde der spätgotische Knickhelm errichtet. In seinem Inneren nimmt der Turm die Dreikonchenanlage nicht so auf, wie das etwa in St. Aposteln geschieht. In die Vierung wurde ein Kuppelgewölbe eingehängt. Die östliche der Konchen wurde dem hl. Martin, die nördliche dem hl. Petrus und die südliche Maria geweiht. In ihrem Inneren werden die Konchen in Nischen aufgelöst. Der zweischalig gestaltete Säulengang nimmt der Wand die Last und die Schwere. Gegenüber dem Turm wirkt das Langhaus fast bescheiden, der Einfluß der Gotik ist bereits zu bemerken. Die mehr als 25 m hohen Gewölbe sind stark hochgebust. Diese Form geht auf Veränderungen des Bauplans in den vierziger Jahren des 13. Jhs. zurück.

Von der alten Ausstattung verschwand bereits manches im 18. Jh. Nach der Säkulari-

Hochaufstrebend sind – wie der Blick nach Westen zeigt – die Wände von Groß St. Martin. Einfluß der Gotik ist spürbar.

View to the west of Groß St. Martin's with its lofty walls showing Gothic influence.

Les murs de Gross St Martin sont très élancés comme le montre la face ouest. Influence gothique sensible.

Zu den wenigen ursprünglichen Ausstattungsstücken, die Groß St. Martin erhalten geblieben sind, gehört die Grablegungsgruppe, 16. Jh.

One of the few remaining pieces of the interior decoration of Groß St.Martin is this burial group, 16th century.

La mise au tombeau, XVIe siècle, est l'une des rares décorations d'origine conservées à Gross StMartin.

sation der Abtei 1802 gab man die Pfarrkirche St. Brigida auf. Die Pfarrechte wurden auf Groß St. Martin übertragen. Die Klostergebäude einschließlich des Kreuzganges verschwanden. Dadurch waren Veränderungen an den Seitenschiffen der Kirche notwendig. Groß St. Martin wurde im Sinn des Historismus erneuert.

Der Zweite Weltkrieg setzte der Kirche schwer zu. Die Gewölbe stürzten ein, der Turm war fast ganz zerstört. Aber gerade auf ihn konnte und wollte Köln nicht verzichten. Bis zur Vollendung der Domtürme hatte der Turm von Groß St. Martin den wichtigsten städtebaulichen Akzent in Köln gesetzt, und auch danach bildete er mit diesen Türmen und dem Rathausturm zusammen ein beinahe unverzichtbares Ensemble. So wurde er erneut aufgebaut und ist seit 1963 in seiner alten Schönheit wiedererstanden. Für die gesamte Wiederherstellung benötigte man noch zwei weitere Jahrzehnte. Erst 1984 konnte Groß St. Martin zu Weihnachten feierlich wiedereröffnet werden. Dem Architekten Joachim Schürmann war zugleich mit der Restaurierung der Kirche der Wiederaufbau des Martinsviertels übertragen. In die erneuerte Umgebung fügt sich Groß St. Martin vorzüglich ein.

Wenige kostbare Ausstellungsstücke besitzt Groß St.Martin. Aus dem Zeitalter der Romanik stammt der Taufstein. Die spätgotische Rahmung mit den Skulpturen von Adam und Eva gehörte anscheinend zu dem Kreuzaltar, den 1509 Johann von Aich stiftete. Auch die Kreuzigungsgruppe des Altars ist erhalten geblieben, ebenso eine meditative Grablegungsgruppe aus dem 16. Jh. In deren unmittelbarer Nähe ist eine einfache Grabplatte in den Fußboden eingelassen. Sie erinnert an den wegen seines sozialen Engagements und seiner Rednergabe gleichermaßen überaus populären Kölner Weihbischof Hermann Joseph Schmitz (1841–1899). Zum einstigen Bestand der Kirche gehört auch das um 1530 gemalte Drei-Königs-Triptychon. Es steht in der Nachfolge des Altars, den Rogier van der Weyden für die Kirche St. Columba gemalt hat und der sich heute in der Alten Pinakothek in München befindet. Die Holzplastik des Schmerzensmannes in der Ostnische des südlichen Seitenschif-

Der Blick ins Langhaus läßt uns die Großartigkeit staufischer Raumgestaltung erleben.

The view into the have provides a good impression of the splendour of Staufen interior design.

La vue de la nef fait revivre le grandiose aménagement intérieur d'époque Hohenstaufen.

Aus dem hohen Mittelalter stammt der reich ornamentierte romanische Taufstein. Der Schönheit der Architektur entsprach die Qualität der Ausstattung.

From the high Middle Ages dates the rich ornamented baptismal font. The architectural beauty is reflected in the decoration's quality, c. 1200–1220.

Fonts baptismaux romans du Haut Moyen-Age richement décorés. La qualité décorative était à l'image de la beauté architecturale.

Bogenstellungen vor dem Treppenaufgang im Bereich der Ostkonche. Hinter den zweigeschossigen, unterschiedlich gestalteten Bogenstellungen, sieht man in den Dämmerraum der Wendeltreppe.

Arcade in front of the stairs in the east conche. The arches on each floor are in different styles and behind them the spiral staircase can be made out in the darkness.

Disposition des ares devant la montée d'escaliers dans le perimètre de la conque est. On peu voir la pièce sombre de l'escalier en colimaçon derrière la serie d'arcs à deux étages décores differemment.

fes stammt wahrscheinlich aus der gleichen Werkstatt wie die Skulpturen des Kreuzaltars. Im Boden vor dem Schmerzensmann befindet sich das einzig erhaltene Fragment des staufischen Mosaikfußbodens der Kirche. Den nach Entwürfen von August Essenwein gestalteten Schmuckfußboden mit allegorischen Frauengestalten, Personifikationen der acht Seligkeiten, haben Joachim und Margot Schürmann um den von Karl Matthäus Winter gestalteten Hochaltar in der Mitte der Vierung verlegt. Über dem Altar hängt ein dem Aachener Barbarossaleuchter nachempfundener Radleuchter. Ein weiteres Mosaikfragment mit dem Motiv der »Sieben fetten Kühe« vor der 1984 erworbenen Holzskulptur einer Benediktineräbtissin soll an das Leben der irischen Äbtissin Brigida erinnern, der einst die Pfarrkirche bei Groß St. Martin geweiht war. Die mobile Schrankorgel (1780–1790) stammt aus Süditalien. Hermann Gottfried gestaltete nach dem von Wilhelm Nyssen entworfenen Programm die Fenster für Groß St. Martin. Die drei Fensterbahnen der Ostapsis gelten dem Leben des hl. Martin; die Fenster der Seitenapsiden zeigen die Nebenpatrone der Kirche, St. Eliphius und St. Brigida. Die Fenster des Mittelschiffes sollen Engelbilder zeigen, die Rosettenfenster der Seitenschiffe die Schöpfungsgeschichte. Das Westfenster steht im Zeichen der Auferstehungszuversicht.

# St. Pantaleon

Der Märtyrerarzt Pantaleon, Glasfenster
The martyr-doctor Pantaleon, stained glass windows
Le médecin martyr Pantaleon, vitrail

Der Legende nach war Pantaleon der Leibarzt des Kaisers Maximinian. Für den christlichen Glauben gewonnen, wurde er von Hermolaos getauft. Die Arztkollegen zeigten Pantaleon wegen seines Glaubens an, und um 305 erlitt er in Nikodemien das Martyrium. Sterbend bat er Gott um Verzeihung für seine Henker. Christus verlieh ihm den Namen Panteleimon, das heißt Allerbarmer. In Rom wird er 708 erstmals als Märtyrer gefeiert und in Köln 866 zum ersten Mal eine Kirche zu Ehren des hl. Pantaleon erwähnt. Das Patrozinium dieser Kirche hat die Erinnerung an den Arzt und Märtyrer in Köln stets festgehalten.

Die Kirche zu Ehren des Heiligen wurde über einer römischen Villa vor den Toren der antiken Stadt errichtet. Sie war schon verfallen, als sich ihrer der Erzbischof Bruno, der jüngere Bruder Kaiser Ottos des Großen, annahm. Bruno empfing 955 aus der Hand des Abtes

Hadamar von Fulda zugleich mit Reliquien des hl. Pantaleon das erzbischöfliche Pallium. Bald darauf gründete er hier ein Benediktinerkloster. Als ersten Abt berief er den Mönch Christian aus der Reformabtei St. Maximin in Trier. Bereits mit 40 Jahren starb Bruno 965 in Reims. Sein Grab fand er seinem Wunsch entsprechend in St. Pantaleon. Der römische Sarkophag mit einem von Sepp Hürten neu gestalteten Deckel befindet sich heute in der Krypta der Kirche.

Schon Bruno hatte sich für einen Neubau der Kirche St. Pantaleon eingesetzt. Gleichzeitig mit diesem entstand auch ein kleiner Zentralbau, der freilich kaum über die Fundamente hinauskam. Sein Zweck ist nicht klar zu bestimmen. Vielleicht sollte er als Taufkapelle dienen – mit St. Pantaleon waren anfänglich auch Pfarrrechte verbunden –, vielleicht sollte er aber auch das Heilige Grab symbolisieren. Wie dem auch sei; der Zentralbau ist reizvoll genug, um seine Fundamente im Fußboden anzudeuten. Vor dem Westwerk der Kirche können wir heute in den Boden gezeichnet den Bauplan sehen. Nach dem Tode Brunos führte sein Nachfolger Folkmar den Bau fort. Der ottonische Bau wurde allerdings erst in der Zeit der Kaiserin Theophanu vollendet. Die Entdeckung der Reliquien des hl. Maurinus ermutigen zur intensiveren Bautätigkeit. Die Kaiserin schenkte 984, vier Jahre nach dem Fund, der Kirche die Reliquien des hl. Albinus, die sie in Rom erworben hatte. Die Reliquien beider Heiligen wurden in kostbare Schreine gefaßt. Sie befinden sich heute noch im sogenannten Kapitelsaal, der als Schatzkammer dient. Doch besteht inzwischen die Absicht, die beiden Schreine dem Zelebrationsaltar von Elmar Hillebrand zuzuordnen.

Der Maurinusschrein entstand um 1170. Er besitzt die charakteristischen Kölner Emails. Besonderen Ruhm genießen die Grubenschmelzplatten mit dem Erzengel Michael und Cherub und Seraph. Architektonisch noch reizvoller ist der Albinusschrein von 1186. Seine Giebelkämme sind Arbeiten des Nikolaus von Verdun verwandt. Kaiserin Theophanu, die den Bau der Kirche förderte und vollendete, fand nach ihrem Tod im Jahre 991 ebenfalls in St. Pantaleon ihr Grab. Der heutige Sarkophag im südlichen Querhaus ist eine Neuschöpfung Sepp Hürtens. Er gestaltete ihn 1965 aus weißem Marmor von der Insel Naxos. Als Umschrift verwendete er einen Text aus der Königschronik des 13. Jhs. In Übersetzung lautet er: »Die Kaiserin Theophanu, die Gattin eines Kaisers und Mutter eines Kaisers, die dieser Kirche des hl. Pantaleon besondere Gunst erwies und sie aus ihrem Besitz beschenkte, ließ sich an dieser Stelle bestatten.« Die Stirnseite zeigt in Anlehnung an ein Elfenbeinrelief des Cluny-Museums (Paris, 10. Jh.) Christus, der Theophanu und ihren Gemahl, Kaiser Otto II., krönt. Neben dem Kaiserpaar sind die Hagia Sophia und das Westwerk von St. Pantaleon zu sehen, als Symbol der im 10. Jh. noch geeinten Kirche im Osten und Westen. In der Wand der Nische hinter dem Sarkophag erglänzt seit Ende 1993 das Christusbild des aus der Ukraine stammenden und heute in Köln lebenden Malers Wladimir Naumez. Damit soll der Sehnsucht nach der Versöhnung zwischen Ost- und Westkirche Ausdruck gegeben werden. Die Begegnung mit der Kirche Rußlands und der Ukraine wird in St. Pantaleon als Aufgabe angesehen, zu der die Grablege der aus Konstantinopel stammenden Kaiserin geradezu verpflichtet.

Der 980 geweihte Neubau von St. Pantaleon, der im Kern auch heute noch erhalten ist, war ursprünglich eine einschiffige Saalkirche. Wie die Aachener Königshalle, die auf Karl zurückgeht, verwandte auch die Kirche St. Pantaleon das Motiv zarter, flacher Blendbögen. Ihre Anwendung auch im Innenraum ermöglicht die spätere plastische Durchgliederung der Wände. Zwar sind die Blendbögen zum Teil durch spätromanische Arkadenbögen zerstört worden, doch die erhaltenen Reste besitzen einen außerordentlichen Reiz.

Von Anfang an besaß der Saalbau ein Westwerk. Seine Fundamente wurden 1956 ausgegraben. Kaiserin Theophanu ließ das ursprüngliche Westwerk durch einen großzügi-

Von zerbrechlicher Schönheit: der Lettner, der Chorraum und Langhaus voneinander trennt.
Separate views of fragile beauty: rood screen, chancel and nave.
Grâce fragile, le jubé séparant le choeur de la nef.

geren Bau ersetzen, der wie andere frühmittelalterliche Westwerke sein Vorbild in dem von Centula (Picardie) hat, das uns allerdings nur in einer Zeichnung überliefert ist. Es erscheint als ein an die Kirche herangeschobener Zentralbau über kreuzförmigem Grundriß und besitzt im Außenbau eine burgartige Geschlossenheit. Zweigeschossige Giebelbauten umgeben auf drei Seiten den Hauptturm, zu dessen Massigkeit die Schlankheit der beiden Flankierungstürme in reizvollem Kontrast steht. Das heutige Aussehen verdankt man der Rücknahme der barocken Umgestaltung. 1890–1892 erfolgte die Rekonstruktion im romanischen Stil. Neuere Schäden wurden bei der Außenrestaurierung 1984 beseitigt.

Wie uns ein Blick in das Skizzenbuch von Finckenbaum aus dem Jahre 1665 zeigt, war das Westwerk mit einer Fülle von Skulpturen geschmückt. Die erhaltenen Fragmente lassen sich zu einem Gesamtprogramm zusammenfügen. Neben Christus standen die hl. Maurinus und Pantaleon, darunter Engel als Torwächter des himmlischen Jerusalems. Noch als Fragmente lassen sie etwas von der Monumentalität romanischer Großplastik im Köln des 11. Jhs. spüren. Sie bestehen durchaus neben den Schöpfungen des Zeitalters des hl. Bernward in Hildesheim und hatten daher einen hervorragenden Platz in der ihm 1993 in Hildesheim gewidmeten Ausstellung. Die eindrucksvollste unter den Plastiken ist der Christus-Kopf mit seinem visionären Blick. Im Kapitelsaal, der als Schatzkammer eingerichtet ist, ist er wie die übrigen Fragmente zu sehen. Ein Tympanon aus St. Pantaleon, das leider seit den Auswirkungen der französischen Revolution auch in Köln nur noch arg verstümmelt ist, muß als weiteres Beispiel für monumentale Großplastiken gewertet werden. Es ist heute im Besitz des Schnütgen-Museums.

Die doppelgeschossige Bogenarchitektur im Innern des Westwerks ist wahrhaft monumental. Wie große Torbögen öffnen sich die Arkaden breit und mit tiefer Laibung aus den Seitenräumen in den Mittelraum. Ein unter den Pfeilern der Emporen durchlaufendes Gesims in rotem Sandstein schließt sie zur Einheit zusammen. Die Bogensteine sowie die Pfeiler

Zwei Kassetten aus dem 1990–1993 geschaffenen Deckengemälde von Dieter Hartmann. Der Kölner gestaltete nach dem Vorbild mittelalterlicher Deckengemälde das Thema der Wurzel Jesse, erweitert es um die Heiligen und Bischöfe, die zu Köln und St. Pantaleon Beziehung haben.

Two cofferings from the ceiling paintings by Dieter Hartmann, executed between 1990 and 1993. The Cologne painter rendered the theme of the Tree of Jesse, using medieval ceiling paintings as the mode, and expanded it to include saints and bishops who had some connection to Cologne and St. Pantaleon.

Deux cassettes issues des peintures sur plafond réalisées par Dieter Hartmann de 1990 à 1993. Le peintre colonais s'est inspiré des peintures médiévales le thème de l'arbre de Jesse qu'il a étendu aux saints et évêques en lien avec Cologne et St. Pantaleon.

Das mächtige Westwerk wird von Seitentürmen begleitet. Dem nördlichen Seitenschiff ist der als Schatzkammer dienende Kapitelsaal vorgelagert.

The imposing westwork is flanked by side towers. The chapter house, which serves as the treasure vault, lies off the north aisle.

Deux tours de flanc bordent l'important massif occidental. La salle capitulaire précédant le collatéral Nord fait office de salle du trésor.

der Emporen zeichnen sich durch einen rot-weißen Farbenwechsel aus. In der oberen Region öffnen sich die Emporenflügel in Doppelarkaden zum mittleren Raum hin, während die Westseite über der Eingangsnische eine Dreierarkade mit gestelzten Bögen und enger zusammenrückenden Pfeilern aufweist. Das Spiel dieser Rundbögen nimmt der riesige Rundbogen auf, der die Grenze zwischen Westwerk und Langhaus bildet. Die oberen und unteren Seitenräume sind mit ostwärts gerichteten Altarnischen ausgestattet. Die Bedeutung des Westwerkes wurde kontrovers diskutiert. Architekturhistoriker neigen dazu, eine Beziehung zu Aachen zu bezweifeln. Wer aber Liturgie und Theologie zu Rate zieht, wird eine Verbindung zur Aachener Pfalzkapelle annehmen. Mit großer Wahrscheinlichkeit darf man das Westwerk von St. Pantaleon als kaiserliches Gasthaus verstehen, das dem Aachener Vorbild einer Zentralkirche mit Ringempore nachgebildet ist.

Vermutlich standen einst auf der Empore des Westwerks den Erzengeln St. Michael, St. Raphael und St. Gabriel geweihte Altäre. Daran anknüpfend hat 1984 Dieter Hartmann Engelfenster in Form von »Lichtsäulen« geschaffen. Er gestaltete auch die Fenster des Erdgeschosses des Westwerks. Das im Norden ist Johannes dem Täufer, das im Süden dem hl. Martin von Tours geweiht. Auf Ornamente sind die von Paul Weigmann gestalteten Rundbogenfenster im nördlichen Seitenschiff begrenzt. Auf der Westempore thront, aus dem Mittelschiff gut sichtbar, eine Michaelsstatue von Trimborn. Vor dem Westwerk mit Blick ins Langhaus hat der siebenarmige Leuchter Aufstellung gefunden, den Rolf Bendgens 1967 geschaffen hat.

Das Langhaus erhielt seine Wölbung durch Christoph Wamser erst im 17. Jh. Diese fiel den Luftangriffen des Zweiten Weltkriegs zum Opfer. Beim Wiederaufbau kehrte man zu der ursprünglichen Form der Flachdecke zurück. Ihre Kassetten wurden nach dem Vorbild romanischer Kirchen wie zum Beispiel St. Michael in Hildesheim mit dem leitenden Thema des „Stammbaum Christi“ ausgemalt. Die Ausführung dieses Programms lag in den Händen von Dieter Hartmann. Neben Königen wie David und Salomon, Vorfahren Chri-

Seraph auf dem Thronwagen Gottes – Grubenschmelzplatte, um 1170, vom Maurinusschrein.

Seraph on the chariot of God's throne; enamel plaque, c. 1170, from St. Maurinus's shrine.

Séraph se tenant sur le char du trône de Dieu. Plaque d'email champlevé de 1170 provenant de l'écrin de St Maurin.

Der Christuskopf, einst an der Außenseite des Westwerkes, heute in der Schatzkammer (Kapitelsaal), ist eine der wenigen erhaltenen romanischen Großskulpturen in Köln.

The head of Christ, formerly on the outside of the church and now in the treasure room (chapter room) one of the few great Romanesque sculptures still preserved in Cologne.

La tête du Christ est l'une des rares grandes sculptures romanes conservées à Cologne – autrefois sur le côté extérieur du bâtiment occidental, aujourd'hui dans la salle du trésor (salle capitulaire).

Der Sarkophag der Kaiserin Theophanu. Auf der Stirnseite Christus, der Theophanu und ihren Gemahl Kaiser Otto II. krönt.
The sarcophagus of empress Theophanu. On its front: Christ crowing Theophanu and her husband Otto II.
Sarcophage de l'impératrice Théophano. Sur la face avant, le Christ couronne Theophano et son époux, l'empereur Otto II.

sti, sind Propheten und Evangelisten zu sehen, Maria, die Mutter Jesu, aber auch Heilige des Mittelalters, so die Könige und Königinnen, die mit Köln und vor allem mit der Kirche St. Pantaleon verbunden waren, wie die Kaiserin Theophanu und ihr Sohn Kaiser Otto III., aber auch Richezza, die Polenkönigin aus dem Hause der Ezzonen, Gründer der Abtei Brauweiler. Die Deckengemälde sind in ihrer Farbgebung sehr verhalten und wirken harmonisch. In dreijähriger Arbeit hat sie der Künstler gestaltet. 1993 im Dezember war das Werk vollendet.

Den spätgotischen Lettner stiftete Abt Johann Lüninck Anfang des 16. Jhs. Sein Wappentier, der Sperling, ist über dem mittleren Korbbogen zu sehen. Darunter weist die hl. Veronika das Schweißtuch mit dem Abbild des Antlitzes Christi vor. Der Lettner erinnert an flandrische Werke. Sein Stein scheint sich in Maßwerk und Ornament auflösen zu wollen. Die malerisch wirkende Oberfläche besitzt eine geradezu zerbrechliche Zierlichkeit. Vor dem Geflimmer des Ornaments stehen die Statuen der Heiligen in vornehmer Ruhe. In der mittleren Zone sehen wir Maria, begleitet von Albinus und Pantaleon, dazu Johannes und Quirinus. Die seitlichen Konsolfiguren sind anscheinend Bruno und Theophanu. Trotz seiner vielen kleinteiligen Formen besitzt der Lettner als Ganzes eine großzügige Gestaltung, letzter Nachklang gotischer Portalarchitektur. Dem barocken Zeitgeschmack entsprechend hatte Abt Konrad Cochem 1695 den Lettner abbrechen lassen, seine westliche Schauseite aber erhalten und sie dem Westwerk vorgeblendet. Im Zuge der Rekonstruktionen der Kirche nach den Kriegszerstörungen in den Jahren 1945 bis 1962 wurde der Lettner in das Langhaus zurückversetzt; allerdings steht er heute östlich seines ursprünglichen Standortes. Zur Stützung der allein erhaltenen Westseite mußte eine neue Ostwand aus Beton konstruiert werden. Clemens Fischer hat 1967 diese Wand mit Blumenmotiven bemalt und ihr dadurch den Eindruck der Schwere genommen. Auf der Empore des Lettners steht die 1652 von Abt Ägidius Romanus in Auftrag gegebene und von Meister Balthasar geschaffene Orgel. Ursprünglich war sie konzipiert als Schwalbenschwanzorgel für die Südseite des Langhauses. Im Mitteleingang des Lettners steht seit 1965 der von Elmar Hillebrand geschaffene Zelebrationsaltar. Die Nische in dessen Mitte birgt die Figurengruppe Christus und Ecclesia. Über dem Altar ist ein Gabelkreuz des 14. Jhs. angebracht. Auf der Südseite vor dem Lettner steht heute eine gekrönte Madonna. Das Chorgestühl des 14. Jhs. konnte wieder hergestellt werden. Wiederaufgestellt wurde auch der barocke Hochaltar von 1747/1749. Er ist mit den Patronen der Kirche geschmückt. Diesen begegnen wir abermals in den Fenstern der Apsis, einem Spätwerk der Kölner Glasmalerei.

Besonders hingewiesen sei noch auf das Doppelgrab der Grafen von Moers an der Westseite des südlichen Querarms, einer Arbeit aus der Werkstatt des Tilman van der Burch.

St. Pantaleon ist in eine Zone der Ruhe eingebettet. Zu dieser bildet die spätgotische Toreinfahrt, die von der Sternengasse Nr. 3 hierhin versetzt wurde, den Zugang. Reste des Kreuzganges lassen die klösterliche Atmosphäre nacherleben.

# St. Severin

St. Severin als Erzbischof, Zellenschmelzplatte nach byzantinischem Vorbild, 11. Jh. (Erzbischöfliches Diözesan-Museum)
St. Severin as archbishop. Enamel plaque , 11th century, from a Byzantine model (Erzbischöfliches Diözesan-Museum)
L'archevêque St Séverin, plaque d'email cloisonné d'après un modèle byzantin, XIe siècle (Erzbischöfliches Diözesan-Museum)

Gegen Ende des 4. Jhs. war der hl. Severin Bischof von Köln. Er lebte in einer Zeit des inneren und äußeren Umbruchs. Die Christen waren in Katholiken und Arianer gespalten. Eine Synode von 346 soll den Kölner Bischof Euphrates wegen seiner arianischen Gesinnung abgesetzt haben. Die Franken beendeten die Römerherrschaft in Köln. In solcher Krisenzeit Vertrauen zu gewinnen, ist keine geringe Leistung. Severin erfüllte die Hoffnungen, die auf ihn gesetzt wurden. Das ist eigentlich schon alles, was wir über ihn wissen. Die Legende aber kann sich mit diesen dürren Daten nicht zufriedengeben. Schon Gregor von Tours weiß zu berichten, Engel hätten dem frommen Kölner Bischof die Todesstunde des hl. Martin von Tours und die Aufnahme seiner Seele in den Himmel offenbart. Die Legende vermischt Szenen aus dem Leben des Kölner Bischofs mit denen des hl. Severin von

Bordeaux. Die älteste Darstellung der Severinslegende bietet der 20 Tafeln umfassende Zyklus des Meisters von St. Severin, um 1500. Er ist in der Kirche St. Severin bewahrt. Die Szenen im einzelnen: Absetzung des Euphrates auf der Synode von 346; Bischofsweihe des Severin; Predigt des neuen Bischofs; Tod des Martin von Tours; himmlische Gesänge beim Besuch der Kirchen anläßlich des Todes von Martin; ein Bräutigam verläßt seine Braut nach Engelserscheinung und wird Einsiedler; der Einsiedler ist Gast bei einem Mahl des Severin; Wunder des Heiligen; Abreise zum Besuch seiner Vaterstadt Bordeaux; Empfang dort; Erweckung eines toten Jünglings; Tod Severins; Begräbnis in Bordeaux; die Reliquien des Heiligen schützen Bordeaux gegen den Angriff der Goten; Gebet um Hilfe während einer dreijährigen Dürre in Köln; Traum eines Geistlichen, die Gebeine des hl. Severin müßten nach Köln überführt werden, wenn die Stadt aus ihrer Not gerettet werden sollte; Bordeaux lehnt jedoch die Herausgabe der Reliquien ab; erneute Bitte der Stadt Köln und Bewilligung durch Bordeaux; Heimkehr der Kölner mit den Severinsreliquien; Verehrung der Reliquien in Köln. Die einzelnen Tafeln wurden von verschiedenen Stiftern in Auftrag gegeben.

Die antike Straße, der die heutige Severinstraße entspricht, kann mit der römischen Via Appia verglichen werden. Gleich dieser war sie von Grabanlagen gesäumt. Im 4. Jh. errichteten die Christen in diesem Gräberbezirk eine Friedhofskirche, einen Rechteckbau mit gewesteter Apsis.

Ausgrabungen unseres Jahrhunderts haben ihn erschlossen und überdies die baugeschichtliche Entwicklung deutlich gemacht. Dabei zeigte sich, daß der Kernbau auch für die gesamte spätere Entwicklung von St. Severin maßgeblich blieb. Dieser Kernbau liegt unter dem heutigen Mittelschiff. Seine Länge beträgt im Lichten 11,60 m, seine Breite 7,60 m. Daß er von der West-Ostrichtung etwas, nämlich um genau 14° nach Norden abweicht, erklärt sich aus seiner Querlage zur Straße. Für die Datierung Ende des 4. Jhs. spricht, daß sich im Mauerwerk Spuren aus heidnischen Bauten finden. In einer zweiten Bauperiode wurde der Apsissaal durch Angliederung zweier breiter Anräume und einer östlichen, dreigeteilten Vorhalle vergrößert. Möglicherweise hat man dabei die älteren Seitenwände herausgebrochen und durch Holzstützen ersetzt, die die Decke trugen. Diese Erweiterung fand wohl im 6. Jh. statt. Zwei Jahrhunderte später erfolgte eine abermalige Erweiterung. Der Name St. Severin ist seit 804 bezeugt. Die fünfte Bauperiode hängt anscheinend mit der Überführung der Gebeine Severins in die neuangelegte Confessio der karolingischen Krypta zusammen. Eine fast doppelt so große Pfeilerbasilika wird errichtet, gleichzeitig vollzieht sich die Achsendrehung nach Osten. Der Normannensturm 881 scheint die Vollendung der Bauarbeiten verzögert zu haben. Vielleicht fanden sie sogar erst im 10. Jh. ihren Abschluß. In der Epoche der Salierkaiser, 1043, wird die Weihe eines ›Oratorium cum Cripta‹ durch Erzbischof Hermann II. erwähnt. Der westliche Teil der Hallenkrypta ist noch erhalten. Er besitzt Kreuzgratgewölbe und quadratische Pfeiler. Der Ostteil der Krypta mit Achteckpfeilern und Kreuzrippengewölbe wurde vor 1237 fertiggestellt. Im Altarraum finden sich Decken- und Wandmalereien vom Ende des 13. Jhs., im Gewölbe Darstellungen aus dem Leben Christi. Die anschließende Südkrypta ist erst um 1300 entstanden, 1411 erhielt sie ein neues Gewölbe. Die Mauern des salischen Langchors sind noch in den Wänden des spätromanischen Chors enthalten. Geblieben ist auch die Länge des Schiffs. Selbst der heutige spätgotische Turm im Westen hatte bereits einen Vorgänger, den man 1393 abgebrochen hat. In spätstaufischer Zeit erfolgte ein abermaliger Umbau. Für die Ostseite der Kirche ist heute der fünfseitige Chorschluß von 1237 mit zweigeschossigem, von einer Zwerggalerie gekröntem Aufbau zwischen schlanken Flankentürmen mit spätgotischen Aufbauten bezeichnend. Daher

Blick von Osten. Zwischen die beiden Seitentürme schiebt sich die Chorapsis. Als einzige der staufischen Apsiden ist sie fünfseitig.

View from the east. The choir apse situated between the side towers. The only pentagonal apse in Romanesque Cologne.

Vue du côté est. L'abside du chœur s'avance entre les deux tours latérales. Elle est le seul et unique exemple d'abside à cinq façades de l'époque des Hohenstaufen.

›Anstelle des Euphrates wird Severin zum Bischof von Köln geweiht.‹ Tafel aus dem Zyklus der Severinslegende, um 1500. Unter dem Bild erklärender lateinischer Text, mit Bildnis des Stifters und seinem Wappen.

›Instead of Euphrates, Severin is consecrated as Bishop of Cologne.‹ Tablet from the cycle of the legend of St. Severin c.1500. Explanatory Latin text beneath the picture with the donor's portrait and coat of arms.

›A la place d'Euphrate, St Séverin est consacré évêque de Cologne.‹ Tableau du cycle de la légende de St Séverin, vers 1500. En bas, texte explicatif en latin avec représentation du fondateur et de son blason.

Zärtlich lächend schaut die stehende Muttergottes, um 1280 – französischer Kalkstein, farbige Fassung neuzeitlich –, auf ihr Kind.

Gently smiling, the Blessed Virgin looks at her Child. French limestone, c. 1280, modern colouring.

La Vierge Marie qui se tient debout regarde son enfant avec un tendre sourire, vers 1280, calcaire français, coloration récente.

bleibt hier der Eindruck des Spätromanischen der bestimmende. Der Fußboden im Inneren des spätromanischen Chores ist geometrisch aus gelbem und schwarzem Marmor zusammengesetzt. Noch interessanter war der Fußboden des Mittelschiffes; denn hier befand sich bis zum 19. Jh. ein achteckiges Labyrinth. Erhalten blieb dessen Mitte, vermutlich der Kampf des Theseus mit Minotaurus. Heute befindet sich diese Mittelplatte des Labyrinths im Erzbischöflichen Diözesan-Museum. Theseus steht stellvertretend für Christus, der das Böse, eben den Minotaurus, besiegt hat. Erhalten blieb in St. Severin das Chorgestühl aus dem Ende des 13. Jhs. Es besitzt 62 Sitze und zeichnet sich durch sein schönes Schnitzwerk aus. Zwei große Rundfenster im östlichen Joch des Langchors wurden im 14. Jh. zugemauert. An ihre Stelle traten Wandmalerien. Sie wurden im 19. Jh. erneuert. Sie stellen die Krönung und Verherrlichung Mariens dar. Auffallend sind die posaunenblasenden Engel. Die Mündungen der Posaunen öffnen sich in sogenannten Schalltöpfen, im Mittelalter eingemauerte offene Gefäße zur Verbesserung der Akustik.

Blick in den Langchor und die Apsis mit dem Schrein des hl. Severin.

View of the nave and the apse with the shrine of St. Severin.

Vue déla nef et l'abside avec la châsse de St. Severin.

Links im Chor steht ein Reliquienschrein von 1383. Er enthält heute die Reliquie des hl. Cyprianus und das Cornelius-Hörnchen, eine Reliquie des hl. Cornelius, zu dessen Ehren jeden Montag die „Hörnchensmesse" gelesen wird. Die Reliquie ruht in einem Büffelhorn mit vergoldeten Beschlägen aus der zweiten Hälfte des 14. Jhs. An der Südwand des Chores ein steinernes Sakramentshaus (1607), auf dessen Stele das von Engeln gehaltene Schweißtuch der hl. Veronika eingemeißelt ist. Den Tabernakel dieses Sakramentshauses rahmen die Patrone der Kirche, St. Cornelius und St. Severin. Oberhalb des Tabernakels zeigt ein Relief das Abendmahl. Zwischen dem Ägidius-Altar vor der Apsis und dem Hochaltar, dessen Mosaikverkleidung aus dem 19. Jh. stammt, steht der Severinusschrein. Seine ursprüngliche Gestaltung erfolgte nach byzantinischem Vorbild. 1795 mußte der kostbare Schrein eingeschmolzen werden, um die Kriegskontributionen an die französische Besatzungsmacht zahlen zu können. Aber bereits 1819 wurde ein neuer Schrein gestiftet, der in unserem Jahrhundert kleine Heiligenfiguren erhielt. Es sind die Schutzpatrone der St. Severin im Mittelalter zugeordneten Pfarrkirchen. Dementsprechend zeigen die von Paul Weigmann im Chor geschaffenen neuen Fenster (1986–1988) neben der erweiterten Deesis vor allem die Heiligen, die in St. Severin verehrt werden, aber auch Heilige, die in den einstigen und in den noch heute bestehenden Kirchen der Nachbarschaft große Verehrung genießen, neben den mittelalterlichen auch Heilige des 19. Jhs. und unserer Zeit, darunter Adolf Kolping und nicht zuletzt Edith Stein.

Gegen Ende des 14. Jhs. begann die Neugestaltung des Kirchenschiffs und des Westturms im Geist der Spätgotik. Die Arbeiten erwiesen sich als mühevoll und langwierig und sollten sich bis zum 16. Jh. hinziehen. Das dreischiffige ud zweigeschossige Langhaus erhielt um 1550 ein Netzgewölbe. Der erst um die Mitte des 16. Jhs. vollendete Westturm besitzt nur zwei Geschosse. Das Portal wird in den hohen Bogen des Fensters darüber einbezogen. Eine zierliche Balustrade begrenzt das untere gegenüber dem oberen Geschoß. Gekrönt wird der Turm von St. Severin durch einen hohen Knickhelm. Im Inneren erschließt sich das Turmerdgeschoß in voller Höhe dem zweizonigen Mittelschiff.

St. Severin besitzt noch eine reiche Ausstattung. Einiges davon wurde bereits erwähnt. Hingewiesen sei noch auf den Wandtabernakel des frühen 17. Jhs. sowie den Reliquienschrank des späten 14. Jhs. im Chor. Vom Meister von St. Severin stammen außer der Darstellung der Severinslegende noch zwei Altarflügel mit den Heiligen Agatha, Cornelius, Stephan und Helena. Am Ostende des

Das Chorgestühl – vielleicht schon zur Weihe des Chors am 1. November 1237 vollendet – ist figürlich und ornamental reich geschnitzt.

The choir stalls, carved with figures and ornaments; perhaps completed by November 1, 1237, the date of the consecration of the choir.

Riches ornements et motifs dans les stalles – vraisemblablement achevées pour la consécration de l'autel le 1er novembre 1237.

Der Kreuzgang von St. Severin konnte sich viel von seiner ursprünglichen Ruhe und Schönheit bewahren.

Much of the original tranquillity and beauty of St. Severin's cloister has been preserved.

Le cloître de St. Severin a su préserver beaucoup de son calme et de sa beauté intérieurs.

Epitaph des Propstes Jakob Chimarrhäeus († 1614). In der Mitte der vergoldeten Kupferplatte der kniende Propst zwischen dem auferstandenen Christus und Maria.

Epitaph of prior Jakob Chimarrhäeus († 1614). Gilded copper plate. He kneels down between the resurrected Christ and Mary.

Epitaphe du prieur Jakob Chimarrhäeus († 1614). On voit le prieur agenouillé entre le Christ réssuscité et Marie au milieu de la plaque de cuivre dorée.

südlichen Querflügels steht heute wieder der um 1550 von Bartholomäus Bruyn d. Ä. gemalte Dreiflügelaltar mit Szenen aus dem Alten und dem Neuen Testament. Ursprünglich war er für die Kartäuserkirche bestimmt, kam jedoch im 19. Jh. nach St. Severin. Nach kriegsbedingter Auslagerung befand er sich bis 1987 in Weimar. Dann konnte er zurückerworben werden und kehrte wieder nach St. Severin zurück. Am Ende des südlichen Seitenschiffes, ganz im Westen, hat sich noch ein Glasfenster erhalten, das mindestens dem Umkreis des Meisters von St. Severin zuzurechnen ist. Beachtlich sind die Grabdenkmäler der Stiftsherren. Einige davon besitzen eine vorzügliche Qualität. Ein gutes Beispiel dafür ist der Grabstein für den Propst Jakob Chimarrhäeus († 1614). Das Epitaph krönt die Statue des hl. Severin, rechts und links darunter die beiden Nebenpatrone der Kirche, der Märtyrerpapst Cornelius und der Märtyrerbischof Cyprian. In der Mitte der vergoldeten Kupferplatte der kniende Propst zwischen dem auferstandenen Christus und Maria. Die Leidensgeschichte ist auf den 18 Medaillons des Innenrahmens zu sehen.

Im südlichen Querhaus befindet sich ein Pestkreuz aus dem zweiten Viertel des 14. Jhs., das in der Nachfolge des Gabelkreuzes von St. Maria im Kapitol steht. Anton Woensam schuf das Bild für den Pfarraltar ›Maria als Himmelskönigin mit Jesus im verschlossenen Garten‹ um 1530. Heute hat es seinen Platz in der Sakristei. Am südöstlichen Vierungspfeiler steht eine Madonna des späten 13. Jhs. Die fränkische Pietà aus dem Anfang des 15. Jhs., die sich heute in der Marienkapelle an der Südseite des Langhauses befindet, stammt aus dem Kunsthandel. Die Marienkapelle ist dem Gedächtnis der Toten geweiht. An ihrem Eingang hängt eine Tafel zur Erinnerung des im KZ Sachsenhausen bei Oranienburg 1939 umgekommenen Professors Benedikt Schmittmann. Schließlich sei noch auf den schmiedeeisernen Leuchter von 1664 hingewiesen.

Erhalten blieben auch noch wesentliche Teile des Kreuzganges. Hier spürt man noch etwas von der Atmosphäre des Stiftes St. Severin. Aus den Reihen seiner Stiftsherrn sind kaiserliche Kanzler sowie Rektoren der Kölner Universität hervorgegangen.

St. Severin ist heute Zentrum eines lebendigen Stadtviertels, reich an Tradition und echter Kölner Atmosphäre.

# St. Ursula

Die hl. Ursula als Schutzmantelheilige, Ende 15. Jh.
St. Ursula as patron saint, end of 15th cent.
Ste Ursula en tant protectrice, fin du XVe siècle.

Unter dem ersten südlichen Fenster des gotischen Chores der Kirche St. Ursula ist eine Kalksteinplatte eingemauert. Ihre Inschrift, die dem Charakter ihrer Buchstaben zufolge um 400 entstanden ist, besagt, daß Senator Clematius aufgrund eines Gelübdes eine Basilika zu Ehren von Märtyrerjungfrauen erneuert hat. Die Ausgrabungen, die nach dem Zweiten Weltkrieg stattfanden, haben die Richtigkeit dieser Angabe grundsätzlich bestätigt. Über einem älteren römischen Grabbau ist tatsächlich um 400 eine Basilika errichtet worden. Befremdlich ist allerdings, daß – wie auch im Falle von St. Gereon – die in Köln verehrten Märtyrer im Gegensatz zu den namentlich bekannten stadtrömischen Märtyrern bis ins Mittelalter anonym blieben. Die Kirche zu ihren Ehren hieß einfach »Kirche der hl. Jungfrauen«. Erst zur Zeit der katholischen Reform, im 17. Jh., erhielt sie den

Namen St. Ursula. Die Kölner Jesuiten und nach ihnen die Ursulinen förderten entschieden den bereits im Mittelalter bestehenden Kult dieser Heiligen. Ein »Monasterium« zum Gedächtnis der seligen Jungfrauen wird bereits 866 erwähnt: Im Normannensturm 881 ging es unter. Seine Gebäude ließ jedoch 922 Erzbischof Hermann I. den vor den Ungarn, den Nachfahren der Hunnen, flüchtenden Kanonissen als Zufluchtsort anweisen. Aus dem Ungarnsturm wurde in der Legende der Tod der Märtyrerjungfrauen durch die Schuld der Hunnen.

Die hl. Ursula wird erstmals namentlich in der »Vita et Passio« erwähnt, die dem Erzbischof Gero (969–976) gewidmet ist. Doch erst unter dem Einfluß der Offenbarungen, auf die sich die Visionärin Elisabeth von Schönau († 1164) berief, entfaltete sich die Legende in ihrer endgültigen Gestalt. Ihre vollständigste bildliche Entsprechung fand sie in dem von Jan van Scheyven gestifteten und 1456 vollendeten großen Zyklus der Ursula-Legende. Geschaffen wurde dieser von einem Meister, der Anregungen von Stefan Lochner, aber auch von den Niederländern empfangen hat. Er schildert den Legendenstoff in 30 Szenen auf 21 Tafeln phantasievoll und voller Erfindungsgabe. Jede Szene wird durch den gereimten Text unter ihr gedeutet, wobei freilich spätere Restaurierungen zuweilen den Sinn verunklärten. Die Szenen in der Reihenfolge der Legende: Gebet der Eltern der hl. Ursula um Nachkommenschaft; Geburt Ursulas; Taufe Ursulas; Jungfrauenweihe am Altar der Palastkapelle; der Heidenkönig von England berät mit seinen Vasallen, daß sein Sohn Aetherius die Prinzessin Ursula heiraten soll; Aufbruch der Gesandten; Empfang der Gesandten; diese richten dem Vater Ursulas ihre Botschaft aus; Ursula hat eine Traumvision, in der ihr ein Engel rät, die Brautwerbung anzunehmen; Ursula teilt ihren Eltern diese Vision mit; Verabschiedung der Gesandten; die Gesandten überbringen das Antwortschreiben dem Heidenkönig; Empfang der 11 000 Jungfrauen am brittanischen Königshof; Ursula besucht mit ihrem Vater die Schiffsbauer; Übungsfahrt der Jungfrauen auf den neuen Schiffen; Ursulas Abschied von den Eltern; Ankunft in Thiel; Empfang der hl. Ursula durch den Erzbischof von Köln (ungewöhnlich ist dabei der Blick auf die Deutzer Rheinseite, denn der Maler sieht gewissermaßen von der Kölner Uferseite zum gegenüberliegenden Deutzer Ufer herüber) und die Traumvision, in der der Engel Ursula mitteilt, daß sie bei der Rückkehr in Köln das Martyrium erleiden wird; Ankunft in Basel; Ankunft schließlich in Rom; Taufe der Jungfrauen in Rom; Rückkehr nach Basel in Gemeinschaft mit Papst Cyriakus (dieser Papst wird in den Papstlisten nicht aufgeführt); Aetherius bittet seinen Vater, Ursula entgegenreisen zu dürfen; Abschied der Jungfrauen von Basel; der Erzbischof von Mainz empfängt Aetherius und sein Gefolge; Ankunft der Pilgergruppe in Mainz und Begrüßung der Verlobten; Taufe des Aetherius im Mainzer Dom; Abschied von Mainz; Martyrium der Jungfrauen in Köln; Tod der beiden Verlobten Aetherius und Ursula in Köln und Bestattung ihrer Leichname; die verklärte Schau der entrückten Heiligen. Der Zyklus befindet sich im nördlichen Arm des Querhauses.

Von der Verehrung der hl. Ursula legen in der ihrem Andenken geweihten Kirche noch viele weitere Kunstwerke Zeugnis ab: Im nördlichen Querschiff findet sich das Grabmal der Heiligen, ein gotischer Sarkophag, in der ersten Hälfte des 15. Jhs. durch eine Schieferplatte mit Darstellungen der Heiligen abgedeckt, 1659 mit liegender Figur der hl. Ursula aus Alabaster versehen, gestiftet im Auftrag des kaiserlichen Ratsherren Johannes von Crane. Im nördlichen Nebenchor ist St. Ursula als Schutzmantelheilige (1465) zu sehen. Der Schrein, zur Stauferzeit für die Gebeine der hl. Ursula geschaffen, steht noch heute erhöht hinter dem Hochaltar. Sein um 1170 entstandenes Metallkleid wurde allerdings 1796 weit-

Der Blick von Osten läßt den Dreiklang der Kirche erleben: den gotischen Chor mit Satteldach, das romanische Langhaus und den Westbau, dessen Turm eine barocke Haube krönt.

The view from the east emphasises the three architectural styles of the church: the Gothic choir with saddle roof, the Romanesque nave, and the western part, with its tower crowned in the Baroque style.

La vue prise de l'est fait ressentir le triple aspect de l'église. Gothique: chœur avec toît en dos-d'âne éléve, roman: nef et partie ouest, baroque: lanterne couvrant la tour.

Die Doppelreliquienbüste im Arkadenbogen der Empore. St. Ursula ist das älteste Beispiel einer dreischiffigen Emporenbasilika am Niederrhein.

The bust with relics in the arcade of the gallery. St. Ursula's is the oldest example on the Lower Rhine of a basilika of this type.

Double buste à reliques dans l'arc de la galerie. Ste Ursule est l'exemple le plus ancien de basilique à galerie et à trois nefs en Basse-Rhénanie.

gehend zerstört. Die erhaltenen Reste bezogen die Kölner Goldschmiede Franz Wüsten und Gabriel Hermeling in die von ihnen 1878–1883 gestaltete Neufassung ein. Der ebenfalls um 1170 geschaffene tonnengewölbte Reliquienschrein für Aetherius, den Bräutigam der hl. Ursula, steht heute in der sogenannten »Goldenen Kammer« an der Südseite der Kirche. Auch diese ist eine Stiftung des Johannes von Crane und seiner Ehefrau Verena Hegemihler. Gegen Ende des Dreißigjährigen Krieges – 1643 – entstanden, in einer Zeit, die so viel Sterbende sah, ist die Goldene Kammer geradezu Ausdruck von Todesseligkeit. Die untere Hälfte des Raumes enthält Nischen zur Aufstellung der 122 Reliquienbüsten. Die darüberliegenden Bogenfelder sind bis zum Gewölbe mit Knochen gefüllt, die zu Ornamenten, Symbolen, Fürbittgebeten miteinander verbunden wurden. Die Reliquienbehälter sind zu einem nicht geringen Teil hervorragende Kunstwerke. Vor allem unter den gotischen Büsten befinden sich einige auch als Kunstwerke bestechende Kopfreliquiare, darunter eine Parlerbüste, die Büste mit dem ›Krüseler‹, um 1350, der ›Schöne Ritter‹ und manche andere.

Der Ursulaverehrung hatte bereits die Entdeckung zahlreicher Gebeine 1106 auf dem ›Ager Ursulanus‹ starken Auftrieb gegeben; sie war auch Anlaß für den Bau einer neuen Kirche. In den ersten Jahrzehnten des 12. Jhs. wurde eine dreischiffige Emporenbasilika – die älteste am Niederrhein – mit Nebenapsiden an den östlichen Querarmen errichtet. Um 1135 muß der Bau im wesentlichen abgeschlossen gewesen sein. Vor allem im Westbau ist der romanische Charakter noch gut zu erkennen. Den Westturm schmückt freilich seit dem Barock eine achteckige Turmhaube, deren Bügelkrone an die königliche Herkunft der hl. Ursula erinnert. Breitgespannte Arkaden mit stämmigen Pfeilern gliedern das Mittelschiff, darüber fast gleichgroße Bogenöffnungen der Emporen mit dreiteiliger Arkatur.

Die Wand ist ungegliedert flächig. Ursprünglich war das Mittelschiff durch eine Flachdecke geschlossen. Diese hat man später durch ein Rippengewölbe ersetzt, das im Zweiten Weltkrieg zerstört wurde. Es ist heute durch eine Segmentbogendecke ersetzt. Nach außen ist der Obergaden durch Lisenen und Rundbögen gegliedert. Wie bei anderen Nonnenklöstern bzw. Kirchen für Stiftsdamen mußte auch in St. Ursula Platz für eine Empore für die Stiftsdamen sein. Sie befindet sich im Westbau und ist tief ins Langhaus hineingezogen. In der zweiten Hälfte des 13. Jhs. ersetzte

Die Goldene Kammer von 1643. Sie veranschaulicht auf eindrucksvolle Weise die Todesseligkeit des Barocks und der Verehrung der Reliquien.

The Golden Chamber of 1634 gives a strong impression of the attitude towards death in the Baroque period and the veneration of relics.

La salle dorée repésente l'apogée de l'adoration des Saints, 1643. Elle traduit de façon impressionnante la conception de l'époque vis à vis des reliques.

Beachtung verdient der Schrein des legendären Bräutigams der hl. Ursula, Ätherius, um 1170. Seine gerundete Dachform ist unter den Schreinen des Rhein-Maas-Gebietes ungewöhnlich.

The shrine of Ätherius, St. Ursula's legendary betrothed, c.1170. Of note is the round shape of its roof, which is not found on any other shrine in the Rhine-Maas region.

L'écrin du légendaire époux de Ste Ursule, Ätherius, vers 1170, est digne d'un certain intérêt. La forme arrondie de son toît fat exception parmi les écrins de la région Rhin-Meuse.

man den romanischen Chor durch einen gotischen. Die Elfzahl der Fenster weist darauf hin, daß der Hochchor sich wie ein großes gläsernes Reliquiar um den Reliquienschrein der hl. Ursula und den des hl. Aetherius schließen sollte. Die Pfarrei bestellte bei dem Londoner Glasmaler Dixon Glasfenster, die 1892 geliefert wurden. Im letzten Weltkrieg sind sie glücklicherweise der Zerstörung entgangen. Das Mittelfenster zeigt Christus in seiner Herrlichkeit, begleitet von seiner Mutter Maria und Johannes dem Täufer. Rauchfaßschwingende und musizierende Engel preisen Christus. Im unteren Teil sieht man die hl. Ursula, ihre Gefährtinnen, die hl. Helena und den Kölner Schutzpatron St. Gereon. Die Seitenfenster stellen Apostel und Propheten dar. Auch sie sind von Engeln mit Musikinstrumenten und Schrifttafeln umgeben. Diese figürlichen Fenster des Chorhauptes werden auf den Langseiten des Chores ergänzt durch ornamentale Fenster, die Wilhelm Buschulte 1962–1963 geschaffen hat. Während im westlichen Teil des südlichen Seitenschiffes die Goldene Kammer eingerichtet wurde, blieb der westliche Teil frei, hier entstand die Marienkapelle. Für diese schuf 1981 Hermann Gottfried einen Fensterzyklus mit marianischen Motiven. In der Marienkapelle wurde 1960 ein Fresko mit der Darstellung ›Christus in der Kelter‹ freigelegt (15. Jh.).

Das Innere von Westen. Wie ein gläsernes Reliquiar umschließt der Hochchor den gotischen Altar. Die elf Fenster stehen symbolisch für die 11000 Jungfrauen.

The interior from the west. Like a glass relic, the high choir surrounds the Gothic altar. The eleven windows stand for the 11000 virgins.

Intérieur vu de l'ouest. Le chœur surélevé enchâsse l'autel gothique comme un reliquaire de verre. Les onze fenêtres symbolisent les 11000 vierges.

Der »Kölnische Meister von 1456« zeigt die hl. Ursula mit ihrem Gefolge vor der Sihouette von Deutz mit St. Heribert.

The »Cologne Master of 1456« shows St. Ursula and her entourage before the sky-line of Deutz with St. Heribert.

Le «Maître colonais de 1456» représente Ste Ursule et sa suite avec, en arrière-plan, la silhouette de Deutz et de l'église St. Heribert.

Ganz im Osten des südlichen Nebenchores ist die Sakristei eingerichtet. Will Thonett gestaltete deren Fenster ornamental. Die Paramentenschränke bewahren unter anderem Meßgewänder aus der Zeit des Rokoko, die mit Kölner Borten des 15. und 16. Jhs. geschmückt sind.

Auch ist St. Ursula reich an Kunstwerken alter und neuerer Zeit. Besonders bemerkenswert ist der Apostelzyklus an der Ostwand des südlichen Querhausarmes, eine kölnische Arbeit aus der Mitte des 13. Jhs. (Petrus und Paulus sind verloren). Bemerkenswert ist auch das Tafelbild der Geburt Christi von Joachim Beuckelaer (1565). Die Kreuzigungsgruppe in der Ostapsis des südlichen Querhausarms vereint Kunstwerke sehr verschiedener Perioden. Während der Kreuzesstamm eine moderne Fassung von 1968 ist, eine Art Lebensbaum, gehört der Gekreuzigte zur Gruppe der sogenannten Kölner Pestkreuze aus der zweiten Hälfte des 14. Jhs. Die beiden Assistenzfiguren, Maria und Johannes, die auf zwei weiteren Gabelungen des Lebensbaumes plaziert sind, stammen ursprünglich von der um 1500 entstandenen Triumphbogenkreuzigung. Von ebenso hochwertiger Qualität ist die farbig gefaßte Pietà aus dem 15. Jh., die sich neben dem Mitteleingang unter der Empore in der Vorhalle befindet. Sie stammt wohl aus einer Kölner Werkstatt. Eigenartig ist der Viventiasarkophag am ersten nördlichen Langhauspfeiler. Er steht auf Säulchen. Angefertigt wurde er in der Zeit um 1100, birgt er die Gebeine der früh verstorbenen dritten Tochter Pippins d. Ä. († 639). Oberhalb des Viventiasarkophages ist das Steinrelief einer Kreuztragung vom Anfang des 16. Jhs. angebracht. Es ist in den Niederlanden entstanden. Der Kirchenschatz birgt z. B. einen der sog. Kanaa-Krüge aus dem 1. Jh., Textilien aus dem 4.–6. Jh., den Bergkristall-Löwen – eine zum Reliquiar umgestaltete Schachfigur – aus dem 11. Jh.; besonders kostbar sind die Schmuckkästchen der Stiftsdamen aus Elfenbein geschnitzt aus dem 14.–16. Jh. und die vielen kleinen Reliquiare sowie Kelche, Ziborien und Monstranzen aus 500 Jahren. Vieles ist in der »Goldenen Kammer« ausgestellt; einiges aber befindet sich in der Schatzkammer, die im westlichen Teil des nördlichen Seitenschiffes untergebracht ist.

# Romanische Landkirchen

Alt St. Maternus in Rodenkirchen
Alt St. Maternus in Rodenkirchen
L'église Alt St. Maternus à Rodenkirchen

Außerhalb der Innenstadt, in den Vororten Kölns, gibt es weitere entdeckenswerte romanische Kirchen. Lassen sie sich auch in ihrer Bedeutung mit den romanischen Kloster- und Stiftskirchen nicht vergleichen, so besitzen sie ihren eigenen Reiz. Abgesehen von der einstigen Klosterkirche der Prämonstratenserinnen, St. Nikolaus in Dünnwald, handelt es sich um dörfliche Pfarrkirchen. Einige von ihnen hatten den Charakter von Schifferkirchen, so Alt St. Maternus in Rodenkirchen, Alt St. Katharina in Niehl, St. Amandus in Rheinkassel. Als ländliche Pfarrkirchen waren sie nicht selten Kölner Stiftskirchen inkorporiert. Das konnte Einfluß auf ihre Architektur haben, wenn durch diese ein Besitzanspruch demonstriert werden sollte. In der Regel folgen die dörflichen Pfarrkirchen dem auch für die Kirchen außerhalb des heutigen Stadtbezirks verbindlichen Typus der Landkirche, die sich in Schiff, Chor und Westturm gliedert.

Was von den Kirchen der Innenstadt gesagt werden muß, gilt freilich erst recht für die Landkirchen. Sie haben im Laufe der Jahrhunderte manche Umgestaltung erfahren. Einige von ihnen wurden, als sie im 19. Jahrhundert den größer gewordenen Gemeinden nicht mehr genügend Raum boten, abgerissen und durch Neubauten ersetzt. Dann blieb allenfalls nur noch der romanische Westturm erhalten. In anderen Fällen wurden neue Kirchen gebaut, blieb aber die bisherige Kirche als selbständige Nebenkirche erhalten. Daß eine romantische Dorfkirche auch heute noch als Pfarrkirche dient, wie St. Amandus in Rheinkassel, ist keineswegs selbstverständlich.

Vier der schönsten dieser Landkirchen sollen im folgenden durch ein jeweils eigenes Kapitel gewürdigt werden. Fünf weitere mit wichtigen erhaltenen romanischen Bauteilen seien kursorisch in einem gemeinsamen Kapitel vorgestellt.

# St. Amandus
## Köln-Rheinkassel

Die Kirche St. Amandus in Rheinkassel überragt an Qualität die meisten romanischen Landkirchen.
St. Amandus in Rheinkassel surpasses most of the Romanesque country churches in quality.
L'église St. Amandus à Rheinkassel dépasse en qualité la plupart des églises romanes de campagne.

St. Amandus im Norden Kölns in Rheinkassel ist eine der schönsten niederrheinischen Landkirchen.

Der hl. Amandus (um 660 – 676/684) stammt aus Aquitanien, war zunächst Einsiedler, wurde während einer Pilgerreise nach Rom dort zum Bischof geweiht und war dann als Missionar im fränkisch-friesischen Grenzgebiet tätig. Er wird als Apostel Belgiens verehrt. Seine Lieblingsstiftung war die Abtei Elno. Der Name St. Amandus deutet darauf hin, daß die Pfarrkirche in Rheinkassel anfänglich Eigenkirche der Abtei Elno war. 1156 ist das Kölner Gereonsstift als Grundherr von Rheinkassel bezeugt. Seinen Anspruch, den Pfarrer zu stellen, bestätigte 1220 Erzbischof Engelbert I. und wies damit zugleich die Ansprüche anderer, vor allem der Prämonstratenserabtei Knechtsteden ab. Bis zur Säkularisation 1802 stellte St. Gereon den Pfarrer von Rheinkassel. Um sein Recht auch nach außen zu demonstrieren, initierte das Stift den staufischen Umbau der Kirche. Tatsächlich läßt sich trotz der gewaltigen Dimensionsunterschiede eine gewisse Ähnlichkeit der Pfarrkirche St. Amandus zur Ostseite von St. Gereon nicht leugnen.

Die einschiffige Saalkirche aus dem 10. Jh. wurde in eine dreischiffige Basilika umgewandelt. Im zweijochigen Langhaus wechseln Säulen und Stützen miteinander ab. Im Westen ist der Kirche ein quadratischer Turm von der Breite des Mittelschiffes vorgesetzt. Im 17. Jh. wurde sein Obergeschoß abgetragen. Dadurch wirkt er heute verhältnismäßig gedrungen. In seiner Massivität hat er den Charakter eines Wehrturms. Er trägt einen go-

Das Innere nach Osten. Insbesondere die gewirtelten Säulen im Chor verraten den Einfluß von St. Gereon. Die Ausstattung harmoniert mit der Architektur.

The interior towards the east. The form of the choir indicates the influence of St. Gereon's. The wall decorations harmonize with the architecture.

Vue intérieure vers le côté est. Les colonnes torses trahissent particulièrement l'influence de St. Gereon. La décoration est en harmonie avec l'architecture.

tischen Knickhelm. Ein kleiner Totenkopf an der Westseite des Turmes erinnert nicht nur an den Friedhof, der die Kirche einst umgab, sondern auch an ihren und der einstigen Rheininsel volkstümlichen Namen: »Zum dode Mann.« Die Leiche eines angeschwemmten Rheinschiffers mag auch für die Namenswahl bestimmend gewesen sein.

Die Einwölbung der Kirche erfolgte im 17. Jh. Dabei war man bestrebt, das Langhaus licht zu halten. Die Restaurierung der letzten Jahre hat die Kirche in harmonischen Farben erstrahlen lassen; besonders schön ist das Altrosa des Westturms. Dabei war man bemüht, den romanischen Charakter im Sinne des staufischen Programms zurückzugewinnen. Besondere Beachtung verdient die Ausmalung, die die Architekturelemente betont. Dieter Hartmann schuf die drei Fenster der Chorapsis und widmete sie jeweils einer der drei Personen des Mysteriums der Allerheiligsten Dreifaltigkeit. Sparsam in der Verwendung der Farbe, beeinträchtigen die Fenster nicht die Wirkung der Architektur, dienen einer Lichttheologie, enthüllen die Schönheit Gottes und bergen sie zugleich im Mysterium.

Besonders schön ist die Gestaltung der Chorapsis. Im Außenbau wird sie durch die beiden Chortürme flankiert. Deren Freigeschosse zeigen eine einheitliche Gliederung mittels flacher Ecklisenen. Beachtung verdient das sich dreimal wiederholende Motiv des Rundbogenfrieses. Auf einen Vorchor- oder Mittelschiffgiebel wurde verzichtet. Das Apsisdach geht somit sogleich in das Vorchordach über. Im Innern ist der Chor durch gewirtelte Runddienste und eine sechsteilige zentralisierende Rippenwölbung ausgezeichnet. Auffallend ist die Doppelarkade in der Südwand des Vorchores, die von einer flachen Kleeblattnische umfangen wird. Der Raum dahinter hat einst als Archiv- oder Reliquienkammer gedient. Daher war es sinnvoll, in den Doppelbogen, vor die Wand des Vorchores – heute ist die Arkatur abgemauert –, zwei Reliquienbüsten zu stellen.

Hinter dem Altar steht ein von Sepp Hürten gestalteter Lebensraum mit Holzfiguren eines Kruzifixus, Maria und Johannes (vermutlich 19. Jh.). Als Dauerleihgabe erhielt die Kirche 1954 eine thronende Madonna mit Kind, um 1300. Aus der im 17. Jh. gestifteten Pestkapelle von Rheinkassel stammen zwei Skulpturen des 17. Jhs., eine hl. Barbara und der Erzengel Michael. Die Statuen des hl. Amandus und des hl. Hubertus stammen ebenfalls aus dieser Zeit.

# Alt St. Katharina

## Köln-Niehl

Beherrschend ist der romanische Westturm von Alt St. Katharina.
The Romanesque west tower of Alt St. Katharina is the dominating feature.
La tour romane Ouest de Alt St. Katharina est imposante.

Die hl. Katharina, die um ihres Glaubens willen zur Zeit des Kaisers Diokletian, im frühen 4. Jh., das Martyrium erlitt, war eine der populärsten Heiligen des Mittelalters. Ihre Verehrung setzte in Westeuropa mit dem Zeitalter der Kreuzzüge, im 12. Jh., ein. Bewundert wurde ihre Überzeugungskraft, mit der sie fünfzig heidnische Philosophen, die mit ihr disputierten, für den Glauben an Christus gewann, und auch die Standhaftigkeit, mit der sie die Folterung ertrug und den Tod durch Enthauptung erlitt. Auch die Überführung ihres Leichnams durch Engelhand ins Sinaigebirge war Anlaß für Verehrung. Katharina war die Heilige, die mit ihrem Wort und ihrem Leiden in gleicher Weise für Christus zeugte. Die 1236 urkundlich im Besitz des Kölner Stifts St. Kunibert nachweisbare Kapelle wurde ihrem Gedächtnis geweiht. Wann St. Katharina zur Pfarrkirche erhoben wurde, wissen wir nicht; während des 30jährigen Krieges gingen die Pfarrakten verloren. Jedenfalls blieb die Pfarrei bis zur Säkularisation dem Stift St. Kunibert inkorporiert und wurde dann erst selbständig.

Bis zum Ausbau des Hafens in den zwanziger Jahren unseres Jahrhunderts war Niehl ein idyllisches Fischerdorf. Freilich war der Ort bereits gegen Ende des 19. Jhs. so gewachsen, daß eine weitere Pfarrkirche notwendig wurde, die neuromanische Kirche Neu St. Katharina. In diese wurden aus der alten Pfarrkirche einige wertvolle Ausstattungsstücke übernommen: der gotische Taufstein und eine Madonna (Ende des 15. Jhs.).

Vermutlich in der zweiten Hälfte des 12. Jhs. begann man mit dem Bau von Alt St.

Die lebhaften Gebärden der Apostel aus dem ›Letzten Abendmahl‹, Anfang des 16. Jhs., drücken Bestürzung aus. Isoliert sitzt der Verräter Judas vor dem Tisch.

Consternation is seen in the lifelike gestures of the apostles at ›The Last Supper‹, beginning of the 16th century. The traitor Judas sits isolated in front of the table.

La vivacité dans les gestes des apôtres de la ›Cène‹ du début du XVIe siècle exprime la consternation. Isolé, le traître Judas est assis à table.

Blick in das Innere. Der gotische Umbau läßt fast vergessen, daß die Kirche ursprünglich romanisch gebaut wurde.

View inside. The Gothic alterations almost completely disguise the Romanesque origins of the church.

Intérieur de l'église. Les transformations font presque oublier que l'église fut au départ construite en style roman.

Katharina, dem ›Niehler Dömchen‹. Zuerst errichtete man den Westturm. Dann folgte der Bau des Langhauses. Die Bauzeit muß ziemlich lang gewesen sein. Daraus erklärt sich der Wechsel der Bauformen. Während der Westturm noch romanisch ist, ist der Chor bereits gotisch. St. Katharina wurde als flachgedeckte dreischiffige Basilika errichtet. Um 1400 erhielten Chor und Mittelschiff ein einheitliches Kreuzrippengewölbe. Vermutlich hat man bei dieser Gelegenheit das südliche Seitenschiff abgerissen. Das nördliche Seitenschiff blieb bestehen. Um 1600 hat man die Sakristei im Winkel zwischen nördlichem Seitenschiff und Chor angebaut. Diesem Anbau fiel das nördlichste der ursprünglich sieben Chorfenster zum Opfer. Wegen des Anwachsens der Bevölkerung des Fischerdorfes Niehl errichtete man im 18. Jh. im Westen der Kirche eine barocke Vorhalle. Diese wurde mit dem Bau der Kirche Neu St. Katharina überflüssig und in den Jahren 1894–1898 abgerissen. 1978 erfolgte eine abermalige Restaurierung von Alt St. Katharina. Damals und zehn Jahre später, 1988, gestalteten Vinzenz Pieper und Dieter Hartmann die neuen Fenster. Rudolf Schwarz entwarf das Gitter zwischen Turmraum und Langhaus. Das bemerkenswerteste Stück der alten Ausstattung ist die jüngst restaurierte Abendmahlsgruppe vom Anfang des 16. Jhs.

# St. Nikolaus
## Köln-Dünnwald

Der Nordturm an der Westfassade macht den romanischen Grundcharakter der Kirche bewußt.
The north tower of the west facade reveals the basic Romanesque character of the church.
La tour de la façade occidentale traduit le caractère prinicipalement roman de l'église.

Der Brauch, die Kinder am Vorabend oder am Fest selber zu bescheren, hält die Erinnerung an den hl. Nikolaus auch außerhalb der katholischen Kirche lebendig. Der hl. Nikolaus ist Schutzpatron der Pfarrkirche in Köln-Dünnwald. Ursprünglich freilich war die Kirche der Gottesmutter Maria geweiht. Immerhin wird der hl. Nikolaus bereits 1229 als Mitpatron genannt.

Um 1118 haben Augustinerchorherrn auf der Düne in der Nähe von Mülheim – nach ihr heißt der Ortsteil Dünnwald – ein Stift und eine Kirche gegründet. Doch bald schon gingen die Gebäude in den Besitz der Prämonstratenser über. Der hl. Norbert von Xanten hatte den Orden in Prémontrée, einem Waldgebiet zwischen Laon und Soissons gegründet. Der Seeleneifer der Prämonstratenser begeisterte von Anfang an auch viele Frauen. Zahlreiche Doppelklöster entstanden. Aber fast überall erhob sich Opposition gegen sie. Daher kann es nicht überraschen, daß bald die Doppelklöster wieder aufgegeben wurden, die Frauen zu Neugründungen gezwungen waren. Auch in Steinfeld in der Eifel war das so, denn schon ab 1141 blieb dieses Kloster den Prämonstratensern vorbehalten. So gründeten die Steinfelder Prämonstratenserinnen 1143 in Dünnwald das erste selbständige Nonnenkloster des Ordens am Niederrhein. Freilich wurde die Verbindung zu Steinfeld nicht gänzlich aufgegeben. Die oberste Leitung lag in der Hand seines jeweiligen Propstes. Die Oberin des Nonnenklosters führte den Namen ›Meisterin‹. Die Nonnen unterstützten mit ihrem Gebet die Predigt der Prämonstratenser. Über-

Im späten Mittelalter hatten Fresken die Kirche geschmückt. Einige wurden nach dem Zweiten Weltkrieg entdeckt. Die drei Apostel gehören dem Zyklus in der Sakristei an, zweite Hälfte d. 15. Jhs.

In the late Middle Ages fresco paintings decorated the church. Several were found after World War II. The three apostles are from the cycle in the sacristy, second half of the 15th century.

Des fresques décoraient l'église à la fin du Moyen-Age. Certaines furent découvertes après la seconde guerre mondiale. Du cycle de la sacristie: les trois apôtres, deuxième moitié du XVe siècle.

dies widmeten sie sich der Krankenpflege und der Armenseelsorge. Krisen blieben den Prämonstratenserinnen von Dünnwald nicht erspart. Gegen Ende des 15. Jhs. war der Niedergang des Klosters offenkundig. Eine Reform 1491 brachte neuen Aufschwung. Aber die Unruhen der Reformationszeit und des Dreißigjährigen Krieges gingen an Dünnwald nicht spurlos vorüber. Der um die Reform des Ordens im 17. Jh. verdiente Steinfelder Abt Norbert Horichem wandelte das Dünnwalder Kloster in ein Priorat um. Seine Einkünfte sollten dem Seminar des Ordens in Köln zugute kommen. In der Säkularisation, 1802, wurde das Kloster aufgehoben. Erhalten blieb die Klosterkirche. Sie dient seit dem Anfang des 19. Jhs. als Pfarrkirche.

Ursprünglich war die Dünnwalder Kirche eine querschifflose, flachgedeckte Pfeilerbasilika. Die späteren Umbauten haben ihr viel von dem einstigen romanischen Charakter genommen. Anfänglich besaß das Langhaus nur fünf Achsen. Schon bald – vielleicht zu dem Zeitpunkt, als die Nonnen in Dünnwald einzogen – wurde es um drei Achsen nach Westen erweitert. Die Nonnenempore ist noch erhalten, allerdings heute in verkürzter Form. Die flache Bretterdecke mit einfacher Leistenteilung über dem Mittelschiff ist neu. Doch dürfte die mittelalterliche Decke ähnlich ausgesehen haben. Die das Mittelschiff abschließende Apsis ist mit einer Halbkugel überwölbt. Die schlichte Westfassade sollte von zwei Türmen flankiert werden, doch wurde der Südturm wahrscheinlich nie gebaut. Die beiden Seitenschiffe haben ihre ursprüngliche romanische Gestalt ganz verloren. Immerhin hat man das südliche Seitenschiff 1876 in romanisierenden Formen erneuert. Die südliche Sakristei ist spätgotisch. Der späten Gotik gehört auch das nördliche Seitenschiff an. Anlaß zum Umbau war vermutlich die Stiftung eines Blasiusaltars. Graf Adolf VI. von Berg ließ ihn 1346 zum Gedächtnis für seine bei Lüttich gefallenen Waffengefährten errichten. Der Umbau erfolgte in Form einer Stufenhalle. Mit einem Kreuzgratgewölbe wurde er gedeckt. 1640 erfolgte eine Barockisierung. Um diese Zeit entstanden die drei Quergiebeldächer. Die Nordapsis erhielt eine geschweifte Haube.

Beachtliche Wandmalereien wurden 1948 in der Kirche und in der Sakristei freigelegt. Am dritten nordöstlichen Langhauspfeiler befindet sich eine meditative Präsentation des Schmerzensmannes (Kölnisch, nach 1430). Kölnisch ist auch die Gruppe der Heiligen Sippe aus der zweiten Hälfte des 15. Jhs. in der Sakristei. Nicht viel später sind die zwölf Apostel und eine Verkündigungsszene entstanden. Gegen Ende des 15. Jhs. hat man die Distelranken im Gewölbe der Sakristei gemalt, in den letzten Jahren die Fresken der Sakristei renoviert. Die Farben haben ihre Leuchtkraft zurückgewonnen.

Glücklich fügten sich der neue Altar mit den Evangelistensymbolen und der neue Taufstein in Gestalt eines Fisches – Werke von Eduard Schmitz – in das Gesamt der Ausstattung ein. Reizvoll ist die Lage der Kirche am Rande eines Wohnviertels inmitten freier Weidelandschaft.

# St. Stephan
## Köln-Lindenthal

St. Stephan in Kriel hat den Charakter einer romanischen Landkirche bewahrt.
St. Stephen's in Kriel has retained the character of a Romanesque country church.
St. Stefan a su conserver le caractère d'une église de campagne romane.

Dem hl. Stephanus, dem ersten der Märtyrer, ist in Lindenthal eine kleine Kirche geweiht, die liebevoll das ›Krieler Dömchen‹ genannt wird. Ähnlich wie Alt St. Katharina in Niehl hat sich St. Stephan den Charakter einer Landkirche zu bewahren gewußt. Das Krieler Dömchen steht im reizvollen Kontrast zu den Villen und Wohnhäusern der Umgebung. Um die Kirche schmiegt sich ein kleiner Friedhof mit Grabsteinen aus dem Barock. Heute ist St. Stephan Nebenkirche der benachbarten St. Albertus-Magnus-Kirche.

Der Legende nach fand bei St. Stephan die erste Begegnung zwischen Karl dem Großen und dem späteren Erzbischof Hildebold statt. Bei einer Jagd in den Wäldern ringsum hörte der Frankenherrscher das Läuten des Glöckleins. Der Einladung, hier die hl. Messe zu hören, habe er nicht widerstehen können. Frömmigkeit und Würde des Priesters Hildebold beeindruckten ihn tief. Den Gulden, den Karl spenden wollte, wies der Priester zurück. Statt dessen erbat er sich die Haut des ersten Wildes, das der Herrscher erlegen würde. Sie sollte ihm als Überzug für seine Bücher dienen. Von der Bescheidenheit des Priesters beeindruckt, entschloß sich Karl, ihn zum Kölner Oberhirten zu ernennen, als sich der Klerus der Stadt über die Wahl eines neuen Bischofs nicht einigen konnte.

Eine Kirche aus der Karolingerzeit läßt sich in Kriel nicht nachweisen. In die Kirche eingemauerte karolingische Grabsteine stammen vermutlich aus dem Umfeld von St. Gereon. Dieses Kollegiatsstift war Grundherr in Kriel und errichtete für seinen Krieler Stiftshof

Das Innere von St. Stephan zeichnet sich durch seine Intimität aus. Die nach dem Zweiten Weltkrieg geschaffenen Glasfenster des Chors fügen sich gut in die romanische Architektur ein.

Inside, St. Stephen's has an intimate atmosphere. The 20th century stained glass windows blend in with the Romanesque architecture.

L'intérieur de St. Stefan se singularise par son intimité. Les vitraux du chœur réalisés après la seconde guerre mondiale s'intègrent bien à l'architecture romane.

im 10. Jh. eine Kapelle. 1224 beglaubigte Papst Honorius III. die Pfarrechte für Kriel. 1324 bestätigte Erzbischof Heinrich von Virneburg dem Stift St. Gereon die Inkorporation dieser Pfarrei. Bis zur Säkularisation 1802 blieb Kriel St. Gereon unterstellt. Die im 10. Jh. errichtete Kirche war eine einfache Saalkirche. Nach der päpstlichen Bestätigung der Pfarrechte wurde sie umgebaut und erweitert. Der Chor erhielt eine Apsis, und ein neuer Triumphbogen grenzte das Langhaus gegenüber dem Chor ab. Ein nördliches Seitenschiff baute man an und errichtete den für Pfarrkirchen charakteristischen Westturm. Wahrscheinlich im dritten Viertel des 18. Jhs. fügte man im Winkel zwischen nördlichem Seitenschiff und Chor die Sakristei an. Im Innenraum zog man eine muldenförmige Bretterdecke ein. Diese wurde bei der Restaurierung der Kirche 1904–1906 wieder entfernt und durch eine flache Holzdecke ersetzt. Joseph Renard malte die Kirche aufgrund erhaltener Farbreste neu aus. Während des Zweiten Weltkriegs, 1944, erlitt St. Stephan schwere Schäden. Im Zuge der Nachkriegsrestaurierung erhielt die Kirche im Innern einen weißen Neuanstrich; der spätbarocke Altar wurde entfernt, die Sakristei erneuert und nach Norden erweitert. 1986 wurde eine weitere Restaurierung notwendig. Der gesamte alte Putz mußte ersetzt werden.

Die Außenflächen von St. Stephan bestehen weitgehend aus Römertuffstein. Daneben lassen sich jedoch noch 14 weitere Steinsorten nachweisen. Durch Bodenfeuchtigkeit kam es zu schlimmen Verwitterungen. In einer Restaurierungskampagne 1992 gelang es, das Natursteinmauerwerk in der Substanz zu erhalten. Auffallend auf der Südseite der Außenmauer sind vier hakenförmige Konsolsteine.

An alten Ausstattungsstücken ist vor allem der Taufstein zu erwähnen. Er stammt aus der zweiten Hälfte des 12. Jhs. und zeichnet sich durch seinen Hufeisenbogenfries aus. Die Plastik der hl. Anna-Selbdritt ist eine Kölner Arbeit des 16. Jhs. Nach dem Zweiten Weltkrieg wurden im Chor neue Glasfenster eingesetzt. Wegen ihrer Intimität ist die Kirche St. Stephan eine beliebte Hochzeitskirche.

## St. Martinus in Köln-Esch

St. Martinus liegt auf dem Griesberg, landschaftlich besonders schön akzentuiert. Die ursprünglich romanische Kirche wurde wiederholt umgebaut. Als romanisch zu erkennen ist der mächtige Westturm. Das nördliche Seitenschiff hat im Untergeschoß romanische Rundbögen. Schon im Mittelalter wurden die darin befindlichen Rundbogenfenster zugemauert. Als romanisch ist auch gut der untere Teil der Ostapsis zu erkennen. Gleichwohl ist der Gesamtcharakter der Kirche durch den Umbau zur spätgotischen Staffelhalle um 1520 sowie den Anbau des neugotischen Erweiterungsbaus des südlichen Seitenschiffs von 1811 und den Anbau der neugotischen Sakristei bestimmt.

## St. Severin in Köln-Lövenich

Die Umbauten des 19. und 20. Jhs. haben die Pfarrkirche St. Severin in Köln-Lövenich erheblich verändert, gleichwohl ist immer noch zu erkennen, daß sie auf einen Bau des 12. Jhs. zurückgehen muß. Im Ursprungsbau war St. Severin eine einfache turmlose Pfeilerbasilika, eine schlichte romanische Landpfarrkirche. Diesem basilikalen Bau wurde der neuromanische Erweiterungsbau des 19. Jhs., errichtet von Ferdinand Robert Cremer, so verbunden, daß beides ein harmonisches Ganzes bildet. Auch die Instandsetzung der Kirche durch Fritz Schaller 1958 und 1964 hat jedenfalls das Äußere nicht all zu sehr verändert. Der Innenraum allerdings wirkt infolge der Purifizierung der 50er Jahre sehr viel nüchterner als das Erscheinungsbild der Neuromanik war.

## St. Brictius in Meschenich

Von St. Brictius in Merkenich ist nur der romanische Westturm erhalten. Er entstand zu Beginn des 13. Jhs. Bis zur Säkularisation war die Pfarrkirche St. Brictius dem Kölner Kunibertsstift zugeordnet. Die heutige Kirche ist ein Neubau, der nach dem Entwurf von Karl Band 1961–1963 errichtet wurde. Um seinetwillen wurde die bisherige Kirche, ein Bau von 1885 im neugotischen Stil, abgebrochen. Der romanische Turm steht daher heute frei als Campanile neben dem Neubau.

## Alt-St. Maternus in Rodenkirchen

Im Andenken an den hl. Maternus errichtete man – wahrscheinlich in der zweiten Hälfte des 12. Jhs. – in Rodenkirchen auf einem Felsvorsprung am Rhein ein Kapellchen. Nach Norden ist die kleine Kirche in ein Ensemble historischer Fachwerkhäuser eingebettet. Ihr romanischer Kernbau wurde von gotischen An- und Umbauten ummantelt. Dem eigentlichen Kirchenbau ist im Westen ein hochgiebliger Anbau vorgelagert. In den Hauptbau hat man auch den wuchtigen Westturm einbezogen. Im 15. Jh. wurde über alten Fundamenten eine neue Apsis errichtet. Sie erhielt zwei rundbogige Fenster und in der Mitte eine Außennische. Hier steht seit 1986 die von Stephan Kaiser gestaltete Maternusstatue. Im Zuge der Restaurierung der Schäden des Zweiten Weltkriegs erhielt die Kirche eine weitgehend neue Ausstattung.

## St. Michael in Niederzündorf und St. Martin in Oberzündorf

St. Michael, die ehemalige Pfarrkirche von Niederzündorf, liegt inmitten eines ummauerten Kirchhofs, oberhalb des alten Rheinarms. Bis zur Säkularisation war sie dem Kölner Stift St. Severin zugeordnet. Der einschiffige Tuffsteinbau entstand bereits im 11. Jh.; der Westturm wurde 1170 errichtet; der Chor gehört der zweiten Hälfte des 12. Jhs. an.

St. Martin, die ehemalige Pfarrkirche von Oberzündorf, hat man zwar erst 1780 als Saalkirche errichtet, jedoch auf den Fundamenten einer Kirche des 12. Jhs. Ihr Westturm ist im Kern noch mittelalterlich. Bis zur Säkularisation war St. Martin der Abtei St. Heribert in Deutz zugeordnet.

**Literaturhinweis**
Unentbehrlich sind die Jahrbücher, die der Förderverein Romanische Kirchen Köln herausgibt. Sie erscheinen unter dem Titel ›Colonia Romanica‹.
Der Rheinische Verein für Denkmalpflege und Landschaftsschutz hat in der Reihe ›Rheinische Kunststätten‹ fast allen Kölner romanischen Kirchen jeweils ein Einzelheft gewidmet und ist bestrebt, in aktualisierten Neuauflagen über den Fortgang der Restaurierungen und Neuplanungen zu berichten.
Unentbehrlich ist auch die Reihe ›Kölner Stadtspuren‹ (Bachem Verlag). Die ersten drei Bände behandeln das Thema und wiederholt werden auch einzelne Kirchen mit Untersuchungen bedacht. Stellvertretend für die des weiteren zahlreich vorhandenen Publikationen sei auf die Bücher von Werner Schäfke, ›Kölner Romanische Kirchen‹ (DuMont Verlag) und Hiltrud Kier, ›Die großen romanischen Kirchen‹ (Wienand Verlag) hingewiesen.

**Bildnachweis**
Umschlagvorderseite: Luftaufnahme von St. Maria im Kapitol.
Umschlagrückseite: Romanische Rundbögen in St. Pantaleon.
Seite 1: Grundriß St. Maria im Kapitol, nach Kubach-Verbeek.
Seite 2: Groß St. Martin. Blick auf Kleeblattchor und Vierung.

Helmut Buchen: S. 17, 25, 28, 29, 37, 40, 42, 45, 67, 78, 88, 89, 94, 103, 105; Hermann Classen: S. 6, 8; Marcel Hartmann: S. 76; Winfrid Kralisch: S. 11, 14, 15, 27, 48, 63, 64, 69, 72, 92; Wolfgang F. Meier: S. 5, 50, 53, 81, 93, 103; Georg Müller: S. 21, 23, 33, 39, 43, 47, 49, 55, 59, 65, 71, 73, 75, 77, 85, 91, 97, 98, 100, 102, 104; Jürgen Rexinger: S. 18, 19, 83; Inge u. Arved v. d. Ropp: S. 2, 13, 16, 19, 30, 34, 35, 36, 41, 44, 51, 54, 56, 57, 58, 60, 65, 70, 72, 75, 79, 80, 84, 86, 87, 95, 99, 101, Umschlagrückseite; K. Hugo Schmölz: S. 7; Manfred Vollmer: S. 99; Verlagsarchiv: S. 61, 96; Luftaufnahmen Skylife: Umschlagvorderseite; freigegeben R.P. Düsseldorf, OP 1017

**Dieses Buch** erschien 1985, im ›Jahr der Romanischen Kirchen‹, zum ersten Mal und erwies sich als großer Erfolg und Standardwerk zum Thema. In fast zehn Jahren nun hat sich so viel verändert, daß eine komplette Neubearbeitung nötig wurde.
Im Herbst 1993 wurde St. Kunibert als letzte im Reigen der Kirchen in ihrer äußeren Form wiederhergestellt. Die Innenausgestaltung und -ausstattung aller Kirchen zeigte sich in einem lebendigen Wandel. Wand- und Deckenbemalungen, neue Fenster und wertvolle Ausstattungsstücke sind hinzugekommen. In den neuen Texten und Bildern erleben wir die Kirchen so, wie sie sich heute zeigen.

**Der Autor**
Willehad Paul Eckert, geb. 1926 in Köln, Dominikaner, Kunsthistoriker, Publizist und Reiseleiter, lebt heute in Düsseldorf und hält Vorlesungen an der Universität zu Köln.
Wichtige Veröffentlichungen: ›Bildwerk zur Kirchengeschichte‹ (1987), Kunstreiseführer über Köln und den Niederrhein. Im Wienand Verlag erschienen von ihm Publikationen über Nikolaus von Kues, Erasmus von Rotterdam, Willibald Pirckheimer und der ›Kölner Stadtführer‹.

Die Deutsche Bibliothek – CIP-Einheitsaufnahme
Romanische Kirchen in Köln – Mit englischen und französischen Texten / Willehad Paul Eckert. 4., komplett überarb. Aufl.
– Köln : Wienand, 1994
ISBN 3-87909-374-1
NE: Eckert, Willehad Paul; Romanische Kirchen in Köln; Mit englischen und französischen Texten.

**Impressum**

Gestaltung Hasso von Olberg, Hermann Vogel
Übersetzungen Philippe Chabot, William Mickens, Stefan Soltek
Redaktion Sabine Opitz
Gesamtherstellung Druck- & Verlagshaus Wienand
ISBN 3-87909-374-1